BISCHOF EM. FRANZ XAVER EDER ERZÄHLT AUS SEINEM LEBEN

GEMEINSAM UNTERWEGS

AUFGEZEICHNET VON USCHI UND WERNER FRIEDENBERGER

MITARBEIT: MARIA HÖLLRIGL

Umschlagseite:
Mit den Menschen unterwegs sein – wie hier am 1. August 2010 bei der Bayerwald-Wallfahrt auf den Heiligen Berg in Příbram (Böhmen) – das war Bischof em. Franz Xaver Eder Zeit seines Wirkens als Priester und Bischof immer ein Anliegen und Vergnügen.

Die Publikationen
IM VERLAG PASSAUER BISTUMSBLATT

1. Auflage 2010

Redaktion
Uschi und Werner Friedenberger

Umschlaggestaltung, Innenlayout
Ellen Maria Hirsch

Bildbearbeitung
Sandra Kössl, Passavia Druckservice GmbH & Co. KG

Druck und Bindung
Holzmann Druck GmbH & Co. KG, Bad Wörishofen
Printed in Germany

ISBN 978-3-9813094-2-3

Inhalt

Grußwort

Die Sonne war unser Kompass, die Flüsse dienten als Wegweiser." Das sagt unser Bischof em. Franz Xaver Eder, der am 4. November 2010 sein 85. Lebensjahr vollenden darf, über die Zeit, als er als junger Soldat in einem Güterwaggon quer durch halb Europa in ein Kriegsgefangenenlager am Fuße des Kaukasus transportiert wurde. Sonne und Flüsse waren ihm geografische Orientierung. In dieser Zeit der Gefangenschaft gab es für ihn aber noch einen anderen Kompass, der ihm sein ganzes Leben lang innere, geistliche Orientierung gab: Es waren und sind dies sein inniger Glaube an den dreifaltigen Gott und seine tiefe Liebe zur Kirche Jesu Christi.

Zum wichtigsten Wegweiser wurde ihm gerade in der Zeit der Kriegsgefangenschaft eine Taschenbuchausgabe des Neuen Testamentes, die er in dieser wohl schwierigsten Zeit seines Lebens immer mit sich führte. Hier berührte den jungen Mann aus Pfarrkirchen besonders eine Stelle aus dem Brief, den der heilige Apostel Paulus an Timotheus geschrieben hatte: „Gott hat uns nicht einen Geist der Verzagtheit gegeben, sondern den Geist der Kraft, der Liebe und der Besonnenheit" (2 Tim 1,7). Mit Bleistift unterstrich Franz Xaver Eder bereits im Kriegsgefangenenlager diese Bibelstelle – seinen späteren Primiz- und Bischofsspruch. Er wusste, wenn wir von diesem Geist verlassen sind, steht es schlecht um uns. Wenn uns aber dieser Geist erreicht, ja durchdringt, dann gewinnen wir Klarheit für unser Leben.

In der Tat: Gott schenkt uns, jedem Einzelnen, den Geist der Kraft, damit wir uns nicht in Illusionen zu flüchten brauchen, sondern den Realitäten des Lebens begegnen können. Er schenkt uns den Geist der Liebe, in dem wir einander offen ins Gesicht schauen. Er schenkt uns den Geist der Besonnenheit, damit wir innehalten, wenn wir nicht mehr weiterwissen, damit wir den anderen neben uns miteinbeziehen können in unser Leben.

In diesem Geist der Kraft, der Liebe und der Besonnenheit trug der 83. Bischof von Passau den Bischofsstab und ermutigte dazu, den Glauben in der Kirche zu leben und dadurch die Gesellschaft mit Gottes Geist zu erfüllen. Auch heute noch trägt Altbischof Franz Xaver Eder nach Kräften das Evangelium Jesu Christi, das ihn einst selbst begeisterte, zu den Menschen. Darin ist er ein geistlicher Mensch – und ein menschlicher Geistlicher.

Zur Vollendung seines 85. Lebensjahres gratuliere ich meinem Vorgänger von Herzen und wünsche ihm gute Gesundheit und Gottes reichen Segen!

Für die Gläubigen der Diözese Passau sage ich Bischof em. Franz Xaver Eder „Vergelt's Gott!" dafür, dass er unzählig viele Menschen immer wieder auf den geistlichen Kompass und Wegweiser für das Leben verwiesen hat, auf Jesus Christus und seine Kirche!

+ Wilhelm Schraml

Wilhelm Schraml
Bischof von Passau

Ich möchte Sie auf eine Reise einladen, auf einen Weg. Denn wer geht, sieht, erlebt. Wir Christen verwenden dafür seit alters her das Wort Wallfahrt. Sich als Wallfahrer auf den Weg zu machen, bedeutet Offenheit, Gelassenheit und Spontaneität, aber auch körperliche Anstrengung und Sich-Zeit-Nehmen für die Seele. Dazu braucht es nicht immer die großen Fahrten zu Wallfahrtsstätten wie Lourdes oder Fatima. Jeder von Ihnen kennt solche kleine und manchmal unbekannte Rastplätze für Leib und Seele in seiner Umgebung. Es muss auch nicht gleich ein mehrtägiges Unternehmen sein. Oft reicht ein halber Tag, um ein wenig zu sich selbst zu finden.

Jeder Mensch braucht Heimat,
festen verlässigen Raum, der ihm Atem und
Leben schenkt.
Und wenn ihn dann das Leben gelehrt hat,
daß in der Welt der Menschen solcher Raum
nur mit Defiziten zu haben ist, kann in
ihm helle Hoffnung keimen auf jene
Heimat, die liebenden Menschen zugespro-
chen ist: das Große, das Gott bereitet hat.

+ Franz Kamphaus

KINDHEIT UND JUGEND

WIR KINDER WAREN SEHR FREI UND
DIE WELT NICHT SO GEFÄHRLICH
WIE HEUTE. DIE STRASSE GEHÖRTE UNS. ES
BESTAND KEINE GEFAHR, AM FERNSEHER
HÄNGEN ZU BLEIBEN.

An meinen Vater habe ich keine bewusste Erinnerung mehr. Der starb schon, als ich noch keine zwei Jahre alt war. Und ich hätte ihn doch so gerne gekannt. Nur wenige Bilder sind mir von ihm geblieben. Eines davon zeigt meinen Vater zusammen mit meiner Mutter. Das Hochzeitsfoto!

Einmal war ich als kleiner Bub mit meinem Großvater unterwegs. Der kannte viele Leute. Besonders unter den Bauern. Denn er war nämlich ein Seiler. Er fertigte Seile und Stricke, wie sie zu der Zeit in der Landwirtschaft gebraucht wurden. Damals mit meinem Großvater unterwegs, begegneten wir einem Bauern. Der sagte zu meinem Großvater: „Na, wen hast denn do heit dabei, g'hört der Kloane ebba gor no dir o?" – „Na, wo denkst denn hin", sagte mein Großvater, „der ist vo mein'm ältesten Buam, dem Franz." Da schaute mich der Bauer genauer an und sagte: „Ja freile, er schaut ehm e ganz aus'm G'sicht außa." Es freute mich sehr, dass da ein mir ganz fremder Mensch in mir eine Ähnlichkeit mit meinem Vater sah. Später bestätigte es mich immer, wenn meine Mutter sagte: „Wie dein Vater hast du das jetzt gemacht!" Wie kommt das bloß, dass man seinen Eltern so gleich ist, ja, dass ein Kind einzelne Gesten und Verhaltensweisen übernimmt, sogar von einem Vater, von dem es nicht einmal eine Erinnerung hat?

Das Hochzeitsbild meiner Eltern entstand im Juni 1924. Bei dieser Heirat hatten sich zwei Pfarrkirchener gefunden. Mein Vater stammte aus einer Seilerei und meine Mutter aus einer Gärtnerei. Der gemeinsame Lebensweg sollte aber nicht lange dauern.

Ein etwa zehnjähriger Bub wollte einmal von mir wissen: „Haben Sie Ihre Kindheit genossen?" Aber darüber machte ich mir keine Gedanken. Ich lebte einfach. Und zurückschauend war es sehr schön. Später, herangewachsen und circa 17 Jahre alt, musste ich zum Arbeitsdienst und gleich danach in den Krieg. Meine Kindheit aber bewahrte ich in bester Erinnerung. Sie war geprägt von lieben Menschen in meiner unmittelbaren Umgebung: allen voran von meiner Mutter und Schwester, einem Kreis von Verwandten, zu denen wir engen Kontakt hatten, und den vielen Kindern in der Umgebung unserer Wohnung in Pfarrkirchen. Mit denen ließ sich herrlich unbeschwert spielen. Und wenn es auch einmal den einen oder anderen Zwischenfall gab, kann man im Nachhinein darüber schmunzeln: Es ist ja immer alles gut ausgegangen!

Als ich gebeten wurde, Erinnerungen aus meiner Kindheit zu Papier zu bringen, begann ich, in alten Fotoalben zu blättern. Da ist zuallererst das Hochzeitsbild meiner Eltern. Als mein Vater und meine Mutter im Juni 1924 heirateten, hatten sich zwei Pfarrkirchener gefunden. Mein Vater stammte aus einer Seilerei und mei-

ne Mutter aus einer Gärtnerei. Sie war die älteste Tochter aus dieser Gärtnersfamilie, deren Vater aus Franken eingewandert war.

Mein Vater war im 1. Weltkrieg schwer verwundet worden und hatte dadurch einen Arm verloren. Deshalb konnte er seinen Beruf als Seiler nicht mehr ausüben und machte noch als verwundeter Soldat eine Ausbildung in einer Handelsschule. Als der Krieg zu Ende war, wurde er in einer Buchhandlung in Pfarrkirchen als Angestellter aufgenommen. Dort war er einige Jahre beschäftigt – das war wohl auch die Zeit, in der er meine Mutter kennenlernte. Ein sehr umsichtiger Onkel gab meinem Vater dann aber den Rat: „Franz, du musst schau'n, dass du eine richtige Basis hast, wenn du heiraten willst!" Daraufhin bemühte sich mein Vater um eine Stellung in der Pfarrkirchener Stadtverwaltung, die er auch bekam. Allerdings war er noch auf der untersten Stufe der Beamten. Er war nicht Sekretär und nicht Inspektor, sondern Assistent. Und als solcher verstarb er ja schon sehr, sehr früh, so dass meine Mutter später mit einer kleinen Pension auskommen musste.

Bei der Hochzeit am 3. Juni 1924 waren mein Vater 28 und meine Mutter 26 Jahre alt. Es war die Zeit nach überstandener Inflation von 1923. Da blickten die Menschen allgemein ernst, aber zuversichtlich in die Zukunft. Die Hochzeitsreise führte meine Eltern an den Königssee. Auf dem Foto, das meine Eltern in einer Zille sitzend zeigt, hält meine Mutter das Ruder in der Hand, weil mein Vater ja nur einen Arm hatte.

Ich wurde am 4. November 1925 geboren. Eines der ganz wenigen Fotos, auf denen ich zusammen mit meinem Vater abgebildet bin, entstand vor dem Haus meiner Großeltern väterlicherseits, die nur etwa 200 bis 300 Meter von uns entfernt lebten. Wir selbst wohnten in einem Mietshaus in der Eggenfeldener Straße. Dort

Ihre Hochzeitsreise unternahmen meine Eltern an den Königssee. In der Zille hielt meine Mutter das Ruder in der Hand, denn mein Vater hatte im 1. Weltkrieg durch eine schwere Verwundung einen Arm verloren.

entstand auch das Foto, das mich im Juni 1927 beim Planschen in einer kleinen Wanne im Garten zeigt. Dieses Foto von mir wurde meinem Vater ans Krankenbett gebracht. Er lag zu diesem Zeitpunkt schon schwer krank in einer Münchener Klinik. Da war ich noch keine zwei Jahre alt und meine kleine Schwester Adelgunde gerade fünf Monate.

Geblieben sind mir von meinem Vater noch mehrere alte Bleistiftschachteln, in die er verschiedene Sinnsprüche geklebt hatte. Davon lautete einer:

Blick auf Pfarrkirchen, meine Heimatstadt. So wie auf dieser alten Ansichtskarte schaute es dort aus, als ich auf die Welt kam.

Das ist die rechte Ehe,
wo zweie sind geeint,
durch alles Glück und Wehe
zu pilgern treu vereint;
der eine Stab des andern
und liebe Last zugleich,
gemeinsam Rast und Wandern,
und Ziel das Himmelreich.

Meinen Eltern blieb nur eine kurze „gemeinsame Wanderung“ vergönnt. Nach dem frühen Tod meines Vaters hielt meine Mutter unsere kleine Dreier-Familie fest zusammen. Wir hatten immer viel Kontakt zu den Großeltern väterlicherseits. Der Eder-Großvater war ein äußerst gutmütiger und „g'miatlicher“ Typ. Der mochte uns recht und ließ uns das auch merken. Aber die Seele der Familie war die Großmutter. Die redete nicht viel, war aber immer da. Am Sonntag waren wir häufig bei den Großeltern eingeladen und dann gab es immer etwas Gutes. Da schaute die Großmutter schon auf uns.

Meine Mutter gehörte zu der Zeit, als meine Schwester und ich noch klein waren, ganz uns. Sie nahm erst wieder Arbeit an, als wir die Schule besuchten. Sie erledigte in „Heimarbeit“ die Buchhaltung für einige handwerkliche Betriebe. Nachts saß sie oft lange über den dicken Büchern und rechnete lange Zahlenreihen durch. Und rechnen konnte sie – viel schneller als wir jemals! Die Leute ihrer Generation hatten da eine ganz solide schulische Ausbildung. Sie hatten in den nur sieben Jahren Schulpflicht die Grundfertigkeiten des Lesens, Schreibens und Rechnens sehr intensiv gelernt. Meine Mutter konnte nach der Schulzeit eine Lehre in einem kleinen Geschäft machen. Dann kam der 1. Weltkrieg und sie musste in einem Lagerhaus einen Kollegen vertreten, der eingezogen worden war. Zu der Zeit bewältigte sie mehr oder weniger die ganze Buchführung dieses kleinen Lagerhauses alleine. Und dabei war sie noch keine 20 Jahre alt. Als die Männer vom Krieg zurückkamen, musste sie jedoch wieder zurücktreten. Ihre Arbeit machten dann wieder die Männer. Aber sie konnte in der Firma bleiben, bis sie heiratete.

Meine Mutter, meine Schwester und ich waren ein eingespieltes Team. Ich wuchs also in einem Haushalt mit zwei „weiblichen Bezugspersonen“ auf, würde man heute sagen. Ob mich das für mein Leben geprägt habe, wurde ich einmal in einem Interview von einer Journalistin gefragt. Nun, das kann man sehen, wie man mag. Aber sicher habe ich in meinem Leben keine Angst vor

Die Wallfahrtskirche auf dem Gartlberg in Pfarrkirchen. Dieses Foto aus meinen Kindertagen nimmt mich mit auf eine Zeitreise.

Frauen gehabt wie manch anderer. Die Mutter sorgte immer dafür, dass wir wussten, wo wir hingehören. Und wenn es mal Meinungsverschiedenheiten zwischen meiner Schwester und mir gab, schuf meine Mutter Frieden. Ich muss bekennen, dass meine 15 Monate jüngere Schwester Adelgunde früher als ich das „Schuh-Bandl-Binden" konnte. Das weidete sie reichlich aus und sie bestand darauf, mir die Schuhe zu binden. Ich war dadurch natürlich angespornt und lernte es sehr schnell. Aber die kurze Phase, in der sie mir die Schuhe band, blieb mir im Bewusstsein, weil sie mich da auf die Seite gedrängt hatte. Ähnlich erging es mir, als ich etwa fünf Jahre alt war, und sie einen oder zwei Zentimeter größer war als ich. Das war furchtbar für mich als den älteren Bruder.

Zu diesem Thema passt auch das schöne Foto mit dem Motorrad. Ein Onkel hatte ein Motorrad, eine ausländische Maschine. Das war sein ganzer Stolz. Und dann wurden meine Schwester und ich einmal vor dem Haus des Großvaters auf diesem Motorrad fotografiert. Ich war jedoch bitter enttäuscht, weil ich hinten sitzen musste und meine Schwester vorne. Ich als der Ältere und noch dazu der Bub wollte halt lieber dort sitzen, wo man die ganzen Hebel in der Hand hält. Das Bild wurde am 21. Oktober 1928 aufgenommen, da war die Adelgunde noch nicht einmal zwei Jahre alt.

Mein Onkel besaß schon damals einen Fotoapparat und entwickelte auch selber seine Platten. Die späteren Fotos machte meine Mutter. Sie hatte eine einfache Box. Die kostete fünf Mark und war nach dem System „Camera obscura" gebaut. Dazu wurden keine Glasplatten benötigt, sie funktionierte bereits über einen Rollfilm.

In der unmittelbaren Nachbarschaft wohnten zwei Mädchen, mit denen meine Schwester und ich sehr viel gespielt haben, richtiger, die mit uns gespielt haben. Die ältere von beiden, die Antonie,

Dies ist das einzige Foto, das mich zusammen mit meinen Eltern zeigt. Es entstand vor dem Haus meines Großvaters väterlicherseits.

kam dann in die Schule und war beim Spielen eine begeisterte Lehrerin. Sie unterrichtete uns immer und probierte alles an uns aus. Lehrerin wurde sie tatsächlich auch im Erwachsenenleben.

Eines Tages war es jedoch vorbei mit dem schönen Spiel: Der Vater unserer Kameradinnen, ein Beamter, wurde versetzt und so zog die Familie weg. Da weinten meine Schwester und ich, als wir von diesen Gespielinnen der frühen Kindheit Abschied nehmen mussten. Die zwei hatten bei meiner Schwester und mir den obersten Stellenwert. Obwohl wir viele Spielkameraden hatten, ergab sich zu niemandem mehr eine solch intensive Beziehung wie zu diesen beiden Schwestern. Der Kontakt riss übrigens niemals ab. Unsere Spiele dachten wir Kinder uns selber aus. Wir Buben spielten meist „Soldaten". Es war ja die Zeit zwischen zwei Weltkriegen, zwar noch vor der Nazi-Zeit, aber trotzdem schon im Alltag irgendwie militärisch bestimmt. Wir rauften Straße gegen Straße. Der eingeschränkte Radius von uns Kindern erweiterte sich in dem Maß, in dem neue Spielkameraden dazukamen. Wir waren sehr frei und die Welt nicht so gefährlich wie heute. Es bestand keine Gefahr, am Fernseher hängen zu bleiben. Die Straße gehörte uns, wir brauchten kaum auf den Verkehr zu achten, weil außer bespannten Fuhrwerken nur selten ein Automobil durchfuhr. Und

wenn sich doch einmal ein Auto näherte, dann liefen wir Kinder aufgeregt an den Gartenzaun. Eine kleine Sensation! So tollten wir also ziemlich unvorsichtig auf der Straße herum.

Ein richtiges Paradies zum Spielen hatten wir Kinder rund um das Haus des Eder-Großvaters. Da führte die Rennbahnstraße vorbei – jetzt heißt's Seilerweg – und dahinter lag eine große Wiese mit ein paar Obstbäumen. Meine Großeltern hatten damals neben der Seilerei auch noch vier Kühe. Und das erste Gras zum Verfüttern wurde von dieser Hauswiese geholt. Die Wiese wurde grün meist „auf Josefi". Und am Josefitag (19. März) – er war damals noch ein Feiertag –, gab es bei uns in der Familie allen Grund zum Feiern: Der Großvater, sein Sohn, der Bruder meines Vaters, und ein angeheirateter Onkel, sie alle drei hießen Josef.

Nach dem Essen ging es hinaus in den Garten, wo an Josefi schon das erste grüne Gras herausspitzte. An so einem Josefitag, der wohl nicht mehr weit weg vom Osterfest war, gingen wir Kinder mit dem Großvater auf die Wiese, um zu schauen, ob wir nicht den Osterhasen erspähen könnten. Und wir sahen ihn tatsächlich: Der Großvater ließ ein Ei ganz vorsichtig ins Gras hineinfallen und ahnte nicht, dass wir ihn dabei beobachteten. Von da an wussten wir, wer die Ostereier legt.

Natürlich wurden wir als Kinder auch zum Arbeiten angehalten. Ich lernte das Abtrocknen und den vorsichtigen Umgang mit Geschirr. Bei meinem Großvater durfte ich auch Handgriffe in der Seilerei verrichten. Ich musste im Garten mithelfen. Wo ein Kind schon etwas leisten konnte, wurde das ganz selbstverständlich verlangt und man hat es getan, manchmal gern und oft mit Widerstreben. Die Aufgaben wurden mehr, da wuchs ich hinein, vor allem auch bei den schulischen Pflichten und Hausaufgaben. Es

Die wenigen Bilder, die mich gemeinsam mit meinem Vater zeigen, habe ich wie kostbare Schätze aufgehoben. Hier posierten mein Vater und ich vor dem Haus des Eder-Großvaters für den Fotografen.

In einer kleinen Wanne durfte ich im Garten bei unserer Wohnung in der Eggenfeldener Straße die Sommerfreuden genießen. Dieses Foto entstand im Juni 1927 und wurde meinem Vater zur Aufmunterung ans Krankenbett gebracht, der damals schon schwer krank war. Kurze Zeit später starb er.

wurde einem nichts geschenkt. Natürlich war da der Ehrgeiz, die schulischen Anforderungen gut hinzubringen, ohne sich überanstrengen zu müssen. Der Nebeneffekt war, dass man durchaus lernte, produktiv zu arbeiten.

Dadurch, dass unser Vater nicht mehr lebte, war die Beziehung zu den Onkeln als auch zu den Großvätern eine besondere. Den Vater meiner Mutter, der von Franken eingewandert war, empfanden wir im Gegensatz zum Eder-Großvater immer mit ein bisschen Zurückhaltung. Er konnte sich nicht so unmittelbar geben wie der Eder-Großvater und redete auch ein wenig anders. Und er hatte einen Bart. Daher die kindliche Scheu. Ich war schon im Heranwachsen, bis ich endlich merkte, dass auch er uns narrisch gern hat. Ich habe leider keine Fotos vom Hoh-Großvater, da dort niemand fotografiert hat.

Bevor wir in die Schule kamen, sollten wir noch eine Zeit lang in die „Kinderbewahranstalt“ gehen. Das probierte unsere Mutter halt einmal aus. Aber bei mir scheiterte sie. Die „Anstalt“, wie sie genannt wurde, habe ich nicht in guter Erinnerung. Wir mussten „Fleckerl zupfen“. Die Schneider von Pfarrkirchen lieferten alte Flecke von Anzügen. Wir mussten sie in Fäden auszupfen. Ganz allmählich kam ein Häufchen zusammen. Wenn dieses groß genug war, machte die Klosterschwester ein Kissen aus den ausgezupften Fäden, ein kleines Ruhekissen. Am Nachmittag hieß es: Kopf auf die Bank. Man saß auf einer kleinen Bank, ähnlich einer Schulbank, dann legte man seine Arme hin, das kleine Kissen umfassend, man neigte den Kopf und dann hatte man eine Stunde zu schlafen. Das war jedoch nichts für mich: Ich streikte. Meine Schwester dagegen ging mit Begeisterung in den Kindergarten. Sie spielte dort Theater und ich musste zuschauen. Es hat mir nicht ganz gepasst, aber da war sie nicht zu schlagen.

Wenn mein angeheirateter Onkel mit seinem Motorrad kam, blickten wir voller Ehrfurcht zu ihm auf. Einmal wurden meine Schwester und ich sogar auf der Maschine fotografiert. Ich war jedoch ganz enttäuscht, weil ich nicht vorn sitzen durfte, wo man die ganzen Hebel in der Hand hält.

Mein erster Schultag rückte heran. Das war im Jahr 1932. Damals begann die Schule an Ostern. Ich hatte natürlich meinen Schulpack dabei. Darin waren meine Schiefertafel, die Schachtel mit Griffeln, die zu Hause angespitzt wurden. Wehe, wenn einer brach, denn Griffel kosteten ja schließlich etwas und mit einem kurzen Stummel konnte man nicht gut schreiben. Ein Heft hatten wir nicht, weil wir noch nicht mit Tinte schrieben. Zum Schreiben war die Tafel da. An der Tafel hing ein Schwamm, der sollte nass sein, aber meistens spuckten wir drauf. Eine Schultüte gab es nicht. Die kam erst später auf. Wir hätten dumm geschaut, wenn wir eine gesehen hätten. Auch sonst wurde kein Aufhebens gemacht um diesen ersten Schultag. Meine Mutter lieferte mich in der Volksschule Pfarrkirchen an der Tür ab und damit war's getan. Der erste Schultag galt dem gegenseitigen Kennenlernen. Wir waren 52 Buben in der Klasse und es war uns gar nicht langweilig. Auf einmal sagte der Lehrer, wir dürften wieder heimgehen. Dann sind wir auf und davon. Und am nächsten Tag wussten wir Abc-Schützen schon allein, wo wir hingehörten.

In die Schule ging ich gern. Die Mädchen hatten ein eigenes Schulhaus. Nach einzelnen Fächern wurde nicht unterschieden. Wir lernten halt Lesen, Schreiben und Rechnen, hatten unsere Schulsachen im Ranzen und das Weitere regelte der Herr Lehrer. Es war immer was los und es war interessant. Vor allem lernte ich viele Schulkameraden kennen. Gern denke ich an die Erzählstunde zurück, die wir immer am Montag zu Unterrichtsbeginn hatten. Dabei durfte jedes Kind erzählen, was es am Sonntag so gemacht hatte. Wir erfuhren dabei viel voneinander. Am Samstag war Schule, aber der Donnerstag war allgemein schulfrei.

Von den ersten Schuljahren ist mir vor allem die Heimatkunde in Erinnerung geblieben. Wir hatten einen strengen Lehrer, der

Die Nachbarsmädchen Antonie (links) und Amalie waren für mich (Mitte) die liebsten Spielkameradinnen meiner Kindheit. Als ihr Vater versetzt wurde und die Familie wegzog, weinten meine Schwester und ich bitterlich.

aber großartig mit uns Heimatkunde machte. Er ging gern an die frische Luft und so gab es immer wieder am Nachmittag einen Unterrichtsgang. Wir wanderten von der Schule aus in alle Himmelsrichtungen und lernten dabei so allerhand kennen. Wir marschierten zum Beispiel an einem Bauernhof vorbei, wo einer unserer Mitschüler daheim war. Es war interessant zu wissen, wo er herkommt. Der Lehrer erklärte uns den Unterschied von Einöde, Weiler, Dorf, Markt und Stadt, er zeigte uns die Quelle von Bächen, das Zusammenfließen von kleinen Wassern, die Mündung von Bächen und wo die Fische in den Krümmungen der Wasserläufe ihren Unterschlupf haben. Ich glaube, der gute Lehrer verband damit auch seine eigene Freude, von der Schule ein bisschen ausruhen zu

dürfen. Für uns wurden es sehr interessante Unterrichtsstunden. Solche Heimatkundestunden bleiben unvergesslich. Dabei wurde unsere kleine Welt immer größer!

Aber natürlich bot die Schule noch viel mehr Abwechslung als eine interessante Heimatkunde. Es verlief nicht immer alles in geordneten Bahnen, zum Beispiel der Schulweg. Schräg vor der Schule lag der sogenannte Stadtweiher. Und in diesen mündete der Bach hinein, der von der Arnstorfer Straße her kam. Auf dem Stadtweiher wurde im Winter Eisstock geschossen. Vor der Schule verschwand dieser Bach in einer Unterführung. Diese Unterführung führte in die Richtung, wo ich zu Hause war. Es galt als sehr mutig, sich in dieser Unterführung vorzutasten bis dorthin, wo der Bach wieder ins Freie trat. Das waren schon so 300 bis 400 Meter in der Dunkelheit. Da drunten gab es auch Begegnungen mit Ratten, das war nur was für Buben!

Langweilig wurde es auf dem Schulweg selten. Unterwegs kam ich bei einer Schmiede vorbei. Wenn wieder einmal ein Pferd beschlagen wurde, konnte ich dies schon von Weitem riechen. Das zwang zu einem Zwischenaufenthalt. Es war zu interessant, wie es in der Schmiede zuging. Viele Jahre später konnte ich dies sogar in einer Firmpredigt verwenden.

Wir hatten in der Schule einen „Tatzenstecken". Manche Lehrer benutzten ihn verschieden kräftig. Ich kam das eine und andere Mal haarscharf an ein paar Tatzen vorbei, bekam aber nie direkt welche. Wir hatten einen guten Lehrer, aber mit dem Tatzenstecken ging er nicht immer gerecht um. Ein paar Buben traf es öfter. Das war nicht schön, aber das war so. Es revoltierte auch nie jemand dagegen, wir Schüler sowieso nicht und die Eltern offenkundig auch nicht. Was der Lehrer tat, war richtig, so war es. Die Eltern fügten sich. Sie hatten die Meinung: Die Lehrer wollen nur das Beste, nämlich eine gute Erziehung. Watschen oder Tatzen waren an der Tagesordnung. Wegen einer Watschen hätte man sich gar keine Gedanken gemacht, das wurde nicht großartig registriert. Das passierte und war vorbei. Ein paar Buben waren damals in der Klasse, die stammten aus sogenannten besseren Bürgerfamilien. Die genossen eine etwas bevorzugte Behandlung. Ich gehörte nicht direkt dazu, profitierte aber vielleicht auch ein bisschen davon, weil mein Vater ein „Beamter" gewesen war.

Als Buben spielten wir oft Soldaten. Es war ja die Zeit zwischen den beiden Weltkriegen. Der ganze Alltag war militärisch geprägt. Da gibt es ein Foto, auf dem ich mit einem Holzschwert neben meinem Freund von damals sitze. Wir ergänzten uns gut als „militärische Chargen". Dieser Freund war später im Passauer Knabenseminar St. Valentin, kam aber vom Krieg nicht mehr heim. Mein Eder-Großvater am Seilerweg hatte eine weiß-blaue Rautenfahne. Auf die war ich besonders stolz, denn sie war damals schon eine Rarität. Später, im angeblich „Tausendjährigen Reich", war nur noch die Nazifahne erlaubt.

1936 war das Jahr meiner Erstkommunion. Zuerst wurden wir zur heiligen Beichte geführt. Das nahm mich sehr her. Ich musste beichten, dass ich eine Bohnenstange gestohlen hatte. Die war in irgendeinem Garten gestanden und ich brauchte sie unbedingt als Spieß beim Soldatenspielen. Bestimmt stellte ich noch so manches andere an. Ich war ja keine Ausnahme. Einmal, als noch ganz kleines Kind, erzürnte ich meine Mutter so sehr, dass sie vor meinen Augen mein Rucksackl nahm und das Nötigste einpackte. Dann gab sie mir das Rucksackl und sagte: „So, jetzt kannst du gehen. Ich will dich nicht mehr haben!" Das war eines der schrecklichsten Ereignisse meiner Kindheit. Meine Mutter wollte mich wegschicken!

Links: Der Eder-Großvater war ein gutmütiger Typ. Er meinte es sehr gut mit meiner Schwester Adelgunde und mir. Wir waren oft beim Eder-Großvater zu Besuch. Rund um sein Haus, zu dem auch eine Seilerei gehörte, hatten wir ein richtiges Paradies zum Spielen. Mitte: Im Jahr 1930 führte ich meine Schwester Adelgunde im Fasching als Jäger aus. Rechts: Der Ernst des Lebens begann für mich im Jahr 1932. Damals fing die Schule an Ostern an. Eine Schultüte kannte man zu der Zeit noch nicht. Auch sonst wurde um den ersten Schultag kein Aufhebens gemacht.

Ich weinte sehr und bemühte mich für den Rest des Tages unendlich, einen braven Buben abzugeben.

Meine Schwester Adelgunde und ich feierten am 19. April 1936 gemeinsam Erstkommunion. Die Kommunion-Dekrete von Papst Pius X. hatten auch bei uns das Kommunionalter vorgezogen. Als Ältere, zu denen ich gehörte, durften wir vorbeten. Dabei traf mich ein ziemlich langes Gebet. Das kriegte ich recht gut hin, aber mir wurde richtig schlecht dabei. Nicht aus Angst, sondern weil man damals nüchtern, also mit leerem Magen, zum Gottesdienst kommen musste. Bis dann die Feierlichkeit zu Ende war, ging es immerhin schon auf Mittag zu. Alles war damals strengstens geregelt. Wir wussten in jeder Situation genauestens, was wir zu tun oder zu lassen hatten. Die heilige Kommunion wurde im Hinblick auf die Dogmatik dieses Sakraments für die Gegenwart Christi sehr intensiv vorbereitet. Wir lernten, dass wir dem Heiland eine Untat antun würden, wenn wir nicht völlig nüchtern zur heiligen Kommunion kämen. Und das wirkte ganz schön in einem kindlichen Gemüt! Ich weiß von einem lieben Bekannten, der heute noch davon erzählt, dass er damals bei der Erstkommunion „unwürdig" kommuniziert habe, weil er beim Zähneputzen etwas Wasser geschluckt hatte. Unsere Mutter war durchaus dafür, dass meine Schwester und ich miteinander zur Erstkommunion gingen. So sparte sie sich doppelten Aufwand. Alles spielte sich daheim ab.

Meine Schwester und ich haben uns für den Volksfestumzug 1933 fein gemacht. Adelgunde ging als Kinderkrankenschwester und ich als Sanitäter.

Ich kann mich nicht erinnern, dass wir bei der Erstkommunion einen Gast im Haus gehabt hätten. Nachmittags wurden wir nochmals zur Andacht in die Kirche gerufen. Auf dem Heimweg nahmen wir den Weg über die Großeltern. Da wollten wir uns schon sehen lassen in unserem schönen Sonntagsstaat. So wie wir beim Fotografen auch abgelichtet worden waren. Geschenke gab es nur in einem sehr bescheidenen Maß. Die Firmung zwei Jahre später in der Stadtpfarrkirche Pfarrkirchen war mir sehr wichtig. Ich verband mit ihr schon echt bewusst das Mündigwerden als Christ. Es war eine der allerersten Firmungen, die Bischof Simon Konrad Landersdorfer hielt. Unendlich viele Firmlinge drängten sich in der Stadtpfarrkirche zusammen. Darum war eine gute Organisation vonnöten. Zunächst wurde gemeinsam die Messe gefeiert, freilich ohne Kommunionspendung. Beichte und Kommunion hatten wir schon in den Tagen vorher empfangen. Nach der heiligen Messe mussten alle Mädchen die Kirche verlassen. Die Türen wurden abgesperrt. Jetzt wurden wir Buben in langen Reihen aufgestellt und der Bischof schritt ruck, zuck vom einen zum anderen. Bis man merkte, dass man dran ist, war schon alles vorbei. Als wir Buben gefirmt waren und „Großer Gott, wir loben dich" gesun-

Links: In meiner Kindheit spielten wir Buben oft Soldaten, auch mein Freund Franz (rechts) und ich hatten viel Freude an unserer „Ausrüstung". Dieser Freund war später im Seminar St. Valentin, kehrte aber nicht mehr vom Krieg heim. 1944 wurde er vermisst – mit 20 Jahren. Mitte: Einmal durfte ich in der Schule vor meinen Klassenkameraden als Nikolaus auftreten. Zur Erinnerung machte meine Mutter zu Hause dieses Foto. Rechts: Ein großer Tag für meine Schwester Adelgunde und mich: Am 19. April 1936 feierten wir gemeinsam Erstkommunion.

gen hatten, wurden die Türen geöffnet, die Buben mit den Paten strömten beim Hauptportal hinaus, die Mädchen mit ihren Patinnen drängten vom Nordportal her herein. Nun waren sie dran, unter ihnen auch meine Schwester. Als Firmgeschenk bekam ich von meinem Patenonkel eine einfache Armbanduhr, sie aber hat später den Krieg nicht überlebt.

Schokolade, Süßigkeiten, Sahne – viele Dinge, die heutzutage selbstverständlich sind, waren in meiner Kindheit eine Rarität. Deshalb verbinde ich eines meiner schönsten Kindheitserlebnisse mit dem Namens- und Geburtstag meiner Schwester, der auf den 30. Januar fällt. Unsere Mutter sparte darauf hin, uns an diesem Tag mit einem Schlagrahm zu verwöhnen. Es war zudem schulfrei, weil der Tag der Machtergreifung Adolf Hitlers Staatsfeiertag war. Die Milch holten wir immer direkt beim Bauern, so hatten wir Vollmilch. Davon schöpfte meine Mutter auf den 30. Januar hin so viel Rahm ab, wie nur ging. Es war ja Winter, es lag noch Schnee und so konnte sie den Rahm kalt stellen. Wir hatten vorsorglich schon einen großen Haufen Schnee gerichtet, der als „Kühlschrank" diente. Ob es Kuchen oder Ähnliches zum Schlagrahm

gab, interessierte mich nicht mehr. Hauptsache, der Schlagrahm! Der war einmalig, etwas Exorbitantes – wahrscheinlich war ich aus der Klasse sogar der Einzige, der so etwas Köstliches bekam!

In Erinnerung geblieben sind mir die zahlreichen Spaziergänge mit der Familie nach Gambach hinaus wie auch die sonntäglichen Besuche, einmal beim Eder-Großvater, einmal beim Hoh-Großvater. Im Sommer war auch das Schwimmen eine schöne Abwechslung. Wir lernten es in der Rott. Spielsachen besaß ich als Kind dagegen wenige. Dafür hatte ich mehr Bücher als die anderen.

Mittlerweile war ich Ministrant und diesen Dienst am Altar in der Pfarrkirche tat ich sehr gern. Dort war der Kaplan, mit dem wir uns gut verstanden, und Jugendarbeit leistete auch unser Religionslehrer Josef Huber, der spätere Domkapitular Prälat Josef Huber, ganz vorbildlich. Wir waren bei ihm als sogenannter „Leseclub“. Er hatte viele Bücher, die auf uns junge Leute ausgerichtet waren. Wir konnten bei ihm ausleihen. Das taten wir auch. Er besprach mit uns, was wir gelesen hatten und wir trafen uns jede Woche bei ihm zu einer Art Lesestunde. Bei dieser Gelegenheit diskutierten wir sehr viel miteinander. Ausklang dieser Stunde war, wenn unser Religionslehrer uns in Fortsetzungen aus einem Buch vorlas, das ihm besonders für uns zu taugen schien.

Die Tatsache, dass ich Ministrant war, brachte mir in der 3. oder 4. Klasse der Volksschule eine besondere Rolle ein: einen Auftritt als Nikolaus. Unser Lehrer wollte seiner Klasse einen Nikolaus vorführen. So forderte er mich auf, aus der Sakristei liturgische Gewänder mitzubringen. Das Gewand konnte ich dank meiner guten Beziehungen zum Mesner zu leihen bekommen. Es war ein ganz gewöhnliches Ministrantenkleid. Vor dem Auftritt als Nikolaus wurde ich noch mit Stab, einer Mitra aus Pappdeckel und vor allem mit einem dichten Bart ausgestattet. Fertig war der Nikolaus. So führte mich der Lehrer in die Klasse hinein. Zu sagen brauchte ich nichts. Unser Lehrer wollte wohl nur zeigen, dass sich hinter der Nikolausfigur jemand verbirgt. So half ich, die Nikolausgestalt zu entmythologisieren. Die Methode des Lehrers war für die damalige Zeit ziemlich modern.

Das erste Mal im Gebirge! Die Eltern meines Schulfreundes nahmen mich im Frühjahr 1938 mit zum Schifahren nach Reit im Winkl. Welch ein Vergnügen war es, wenn man ohne Sturz unten ankam!

DER SCHMIED UND DER HEILIGE GEIST

AUS EINER FIRMPREDIGT IM JAHRE 2005

Gefirmt möchtet Ihr werden, liebe Buben und Mädchen! Na gut: Ich werde jedem von Euch die Hand auflegen und ein Chrisamkreuz auf die Stirn zeichnen und dabei sagen: „Sei besiegelt durch die Gabe Gottes, den Heiligen Geist!" „Besiegelt durch den Heiligen Geist!" Der Heilige Geist selber ist es, der Euch besiegelt, der Euch firmt, wenn ich Euch die Hand auflege und mit dem Chrisamöl das Kreuz auf die Stirn zeichne. Gottes Heiliger Geist ist da am Wirken!

Wer ist das, Gottes Heiliger Geist? Was ist mit ihm? Ich muss Euch gestehen, ich habe Gottes Heiligen Geist noch nicht gesehen. Man kann ihn nicht sehen. Ich kann Euch nur sagen, wie er ist: Er ist wie der Wind. Wie ein Sturmwind. Voll Kraft und Gewalt! In Jerusalem sind bei seinem Sturmgebraus die Leute zusammengelaufen, um zu schauen, was denn da los ist: Aus den Jüngern, die sich im Abendmahlsaal aus Angst eingeriegelt hatten, aus diesen Jüngern sind durch den Heiligen Geist tapfere Zeugen, Glaubensapostel geworden.

Dieser gleiche Heilige Geist ist es, der auch Euch firmt und besiegelt. Aber er ist nicht nur wie ein Sturm. Er ist auch wie ein Feuer, das in das Herz fällt. Er ist wie ein Feuer, das brennt und leuchtet und sogar Erstarrtes zum Schmelzen bringt.

Ja, ich trau mich zu sagen: Gottes Heiliger Geist ist so ähnlich wie das Feuer, das ein Schmied für seine Arbeit braucht. Noch heute habe ich den Geruch in der Nase, als ich in meiner Kinderzeit den Schmied in unserer Nachbarschaft besuchte, wenn er wieder einmal auf die Hufe eines Pferdes neue Hufeisen schlug. Da muss man einmal zugeschaut haben, wie das zugeht in einer richtigen Schmiede: Bevor der Schmied mit seiner Arbeit anfängt, hängt er sich die schwere lederne Schürze um. Die wird ihn vor der Hitze des Feuers schützen. Dann macht er auf dem flachen Ofen das Feuer an. Über dem Ofen ist ein offener Kamin. Dort hinein zieht der Rauch ab. Damit das Feuer auch ein sehr heißes Feuer wird, nimmt der Schmied nicht gewöhnliches Holz oder Kohlen. Er nimmt Holzkohlen dazu. Ein Holzkohlenfeuer braucht Luft und viel Sauerstoff. Dazu braucht der Schmied einen Blasebalg. Den tritt er mit dem Fuß. So schafft er Luft in das Feuer. Das Feuer flammt noch kräftiger auf, bis die Kohlen fast ganz weiß glühen.

Jetzt fasst der Schmied mit einer langen Zange ein Eisenstück und stößt es in die heiße Glut hinein. Wieder zieht er am Blasebalg, rüttelt mit Zange und Eisen die Glut auf, so dass die Funken nur so fliegen. Wenn das Feuer dann nach und nach das Eisen ganz durchglüht hat, wenn das Eisen gleichsam innerlich brennt, dann fängt der Schmied an, es zu bearbeiten. Er holt mit der langen Zange das Eisen aus dem Feuer heraus, schmeißt es auf den Amboss und fängt an, es zu schmieden. Hell und hart klingen die Hammerschläge. Das Feuer spritzt in Funken aus dem Eisen heraus. Das Eisen selber muss sich unter der Wucht der Hammerschläge formen und biegen, wie der Schmied es will und braucht. Das Feuer aber macht das Eisen weich und formbar.

Meine lieben Mädchen und Buben, so ungefähr ist das mit dem Heiligen Geist in uns. Wir, wir sind wie das Eisen. Kantig und hart und spröd. Gottes Geist aber ist wie das Feuer. Wie ein heißes Feuer, das sogar ein hartes, kantiges Stück Eisen weich und biegsam macht, so dass man es formen kann. So macht es der Heilige Geist, wenn er uns mit seinem Feuer in die Seele fährt, wenn er unser Leben wie ein Feuer durchglüht. Gott will uns durch seinen Geist formbar machen. Gott will durch seinen Geist aus uns etwas machen, etwas, was er brauchen kann mitten in dieser Welt, mitten unter den Menschen. Er formt uns so, dass er uns brauchen kann in seiner Kirche. Denn er braucht ganze Christen. Dazu will Gottes Geist Euch im Leben machen. Und darum werdet Ihr heute gefirmt und bestärkt und besiegelt.

Bild Seite 25: Noch heute habe ich den Geruch in der Nase, als ich in meiner Kinderzeit den Schmied in unserer Nachbarschaft besuchte, wenn er wieder einmal auf die Hufe eines Pferdes neue Hufeisen schlug. Er trug auch den Namen Eder, wir waren aber nicht verwandt. Das Foto zeigt den Hufschmied Engelbert Eder (links) mit zwei Burschen beim Rossbeschlagen.

Als der 2. Weltkrieg begann, war ich gerade 14 Jahre alt. Ich fand die Entwicklung im Herbst 1939 zunächst einmal sehr aufregend, waren wir doch so sehr aufs Militär dressiert. Schon bei den Einmärschen Deutschlands in Österreich und der Tschechoslowakei waren wir im Rottal Bereitstellungsraum. Durch Pfarrkirchen zogen damals jede Menge Soldaten, zum Teil auch motorisiert, die dann in Richtung Österreich oder Tschechoslowakei hinüberschwenkten.

Meine Mutter war sehr besorgt über die politische Entwicklung – schon im Hinblick auf meinen Vater, der im 1. Weltkrieg einen Arm verloren hatte. Einen Onkel hatte ich, der den Nazis sehr distanziert gegenüberstand. Und der Eder-Großvater sowieso. Der hatte den „Gewe" – so nannte er Reichspropagandaminister Joseph Goebbels – „auf dem Kraut gefressen". Um den Eder-Großvater hatten wir immer Angst, weil er so offen daherredete. Ihre Wohnstube hatten meine Großeltern ebenerdig zur Straße hinaus. Wenn der Großvater wieder so laut schimpfte, schrien seine Töchter, dass er still sein soll, weil man ihn bis auf die Straße hören könne. Er komme bestimmt noch nach Dachau. Bei uns in der Familie stand man dem Krieg mit großer Distanz gegenüber. Auch mit Furcht. Aber natürlich waren wir Buben noch leichter zu begeistern als die Älteren.

Meiner Mutter gegenüber ließ ich einmal die Bemerkung fallen, dass ich auch noch drankomme und einrücken muss, wenn der Krieg so lang dauern sollte wie der 1. Weltkrieg. Da erschrak sie sehr! Unser Alltag wurde schon in vielen Bereichen vom Nationalsozialismus bestimmt. Jugendarbeit durfte nicht mehr gemacht werden, denn darauf hatte die nationalsozialistische Hitlerjugend das Privileg. Die Kirche wich auf die Ministrantenarbeit aus oder auf Treffen, die einen eindeutigen religiösen Touch hatten.

Am 19. März 1940 entstand dieses Bild beim Abendmahlspiel während der Fastenzeit in der Stadtpfarrkirche von Pfarrkirchen. Ich sitze als 3. von links am Tisch. Organisiert hatte es Kaplan Franz Xaver Neun im Rahmen der Katholischen Jugendarbeit.

Ein Abendmahlspiel in der Stadtpfarrkirche von Pfarrkirchen am 19. März 1940 ist ein Beispiel für eine religiöse Veranstaltung, die für die braunen Machthaber unangreifbar war. Organisiert hatte sie der damalige Kaplan Franz Xaver Neun.

Die Zeit, in der ich in Pfarrkirchen die Schulbank drückte, neigte sich dem Ende zu. Zuerst hatte ich fünf Jahre die Grundschule besucht, weil man damals als Landpomeranze nach vier Jahren

Mittlerweile war ich als Gymnasiast in München und ministrierte in der Dompfarrei, zu der das Albertinum gehörte, wo ich wohnte. 1942 ging ich bei der Fronleichnamsprozession als Ministrant mit (3. von links). Ich zählte gerade 16 Jahre – ein Jahr später war ich schon Soldat.

Schulzeit noch nicht reif war für eine höhere Schule. So wechselte ich nach der 5. Klasse an die Realschule Pfarrkirchen. Das war eine Realschule mit Lateinklassen, aber keine Oberrealschule. Zwischen Passau und Burghausen gab es zu dieser Zeit keine höhere Schule, zwischen Passau und Cham ebenso wenig. In unserem ganzen Bistum befanden sich nur zwei Orte, an denen man das Abitur ablegen konnte. So fortschrittlich war die bayerische Kulturpolitik damals! Ich war in der Realschule bereits in Latein und Griechisch unterrichtet worden und musste nun zur Fortsetzung der Ausbildung in ein richtiges Gymnasium. So kam ich an das Ludwigsgymnasium in München. Ich war 15 Jahre alt. Es gab eine gute Bahnverbindung und ein Heim, in dem man als Landschüler gerne aufgenommen wurde, weil die angeblich ordentlicher waren. Das Heim hieß Albertinum und stand schräg gegenüber des Polizeipräsidiums und etwa 100 Meter vom Münchner Liebfrauendom entfernt. Dort wurde ich Ministrant. Die Heimleitung war trotz der schwierigen Zeit so tolerant, mir das zu erlauben. Das war nicht selbstverständlich. Dafür bin ich heute noch sehr dankbar, denn dort, am Dom, war ich unter dem richtigen „Haufen", bei dem ich mich wohlfühlte.

Trotzdem würgelte mich als 15-jährigen Buben in München etwas furchtbar her: das Heimweh. Ich schämte mich schrecklich, wenn ich mich zwischendurch wieder ausweinen musste. Zu Hause hatten meine Mutter, meine Schwester und ich in unserer kleinen Dreier-Familie ja eine sehr intensive emotionale Bindung, darum nahm mich diese Trennung sehr mit. Heimfahren durfte ich nur selten. Das Schuljahr begann im September. Ein erstes Mal durfte ich an Allerheiligen heim, das zweite Mal an Weihnachten und dann wieder an Ostern. Dazwischen nicht.

Sicher litt auch meine Mutter unter der Trennung, aber sie war die Tapferste von uns dreien. Sie stand damals schon wieder im Beruf. Sie hatte auch dafür gesorgt, dass meine Schwester auf die höhere Schule kam. Nach der erzwungenen Verabschiedung der Klosterfrauen von der Mädchenschule hatte meine Schwester eine Lehrerin, die ihr das Schulegehen vermieste. Da schickte meine Mutter meine Schwester zu den „arbeitslosen" Klosterfrauen, damit sie Englisch nachlernte. So kam meine Schwester unter Überspringung einer Klasse auf die Realschule und dabei in die gleiche Klasse wie ich.

Von München aus konnte ich auch den einen oder anderen Ausflug machen, zum Beispiel im Juni 1942 an den Ammersee.

Seit 1941 besuchte ich nun das Ludwigsgymnasium. Es war eine Schule nach alter Tradition, einschließlich der Lehrer. Sie war im „Abbau" begriffen, denn sie sollte eine deutsche Oberschule werden. Wir waren die letzte Klasse – nicht groß, 17 Leute nur, und hatten ein persönliches Verhältnis zu unseren Lehrern. Der Nachteil war, dass der Unterricht wenig differenziert angeboten wurde. Die Fächer Deutsch, Geschichte, Latein und Griechisch waren alle in einer Hand. Wir bekamen unseren Klassenleiter oft den ganzen Tag nicht los. Das war nicht immer schön, obwohl wir ihn durchaus schätzten. Er war ein alter Herr, der nicht mehr einrücken musste, weil er schon im Pensionsalter stand. Sein Unterricht riss uns nicht hin, aber als Person haben wir ihn geschätzt und auf unsere Weise auch gerne gemocht. Wir machten ihm das Leben nicht schwer.

Die Mathematik war sehr interessant und sehr konkret. Darin unterrichtete uns ebenfalls ein alter Herr. Er brachte uns in Geometrie und Algebra schon das Nötige bei, wenn auch ein wenig arg penibel. Religionsunterricht gab es damals in der höheren Schule schon nicht mehr. Nicht gerne mochte ich Sport. Ich war zwar im Völkerball gut, aber die anderen Disziplinen wie zum Beispiel das schnelle Laufen und so weiter waren nicht so mein Fach. Zudem durften wir nicht einmal Fußballspielen. Als guten Schüler würde

ich mich insgesamt nicht bezeichnen. Ich hatte zwar keine schlechten Noten und am Anfang in der Realschule sogar sehr gute. Aber, wie das so geht, wenn man älter wird und in die Pubertät kommt, hatte die Schule immer weniger Bedeutung und ich sackte von meinen bis dahin sehr guten Noten in die Mittelmäßigkeit ab.

Mit der Zeit gewöhnte ich mich als Gymnasiast in München ein. Ich freute mich, zu den Domministranten zu gehören. Bei der Fronleichnamsprozession 1942 durfte ich neben dem Bischofsstab hergehen und zeitweise die Mitra von Kardinal Michael Faulhaber tragen. Vor ihm hatten wir Ministranten einen heiligen Respekt, er war wie ein Kirchenfürst. Trotzdem kamen wir ihm einmal sehr nahe. Anlass war eine Audienz von ehemaligen Domministranten, die inzwischen als Soldaten dienten, bei der er auch uns junge Ministranten gnädig empfing. Dabei richtete der Kardinal ein paar Worte an uns und jeder bekam ein Bild mit seiner Unterschrift. Eine andere Begegnung mit ihm ist mir noch lebhaft in Erinnerung: Der Kirchenfürst feierte ein Priester- oder Bischofsjubiläum. Wie es genau herging, weiß ich nicht mehr, jedenfalls warfen wir Ministranten einen Kerzenleuchter um – und es schepperte furchtbar. Der Kardinal muckste aber nicht und stand wie eine Statue da.

Kardinal Faulhaber war damals für uns wie eine zu verehrende Ikone. Die Nazis trauten sich ihn nicht greifen – auch aufgrund der Tatsache, dass er im 1. Weltkrieg Feldpropst der Bayerischen Armee gewesen war. Dafür hielten sich die Machthaber an Domkapitular Johannes Neuhäusler schadlos und steckten ihn ins KZ, genauso wie Michael Höck, den damaligen Chefredakteur der Münchner Katholischen Kirchenzeitung. Ich weiß noch, wie wir als Ministranten immer ehrfürchtig zu dem Platz schauten, an dem Domkapitular Neuhäusler sein Fach in der Sakristei hatte. Wir wussten, dass er im KZ in Dachau war.

Eines Tages bekamen wir mit, dass in der Universität etwas passiert war. Es waren die Ereignisse rund um die Widerstandsgruppe „Weiße Rose", zu der die Studenten Hans und Sophie Scholl gehörten. Es sprach sich schnell herum, dass an die Universität Parolen wie „Nieder mit Hitler" und „Freiheit" geschrieben worden waren. Mitglieder der „Weißen Rose" hatten dies nachts unter Lebensgefahr mit schwarzer Teerfarbe und grüner Ölfarbe angeschrieben. Wir durften ja spazieren gehen und gingen dort extra vorbei, um nachzuschauen und scheu die Schrift zu entziffern, ohne jedoch aufzufallen.

Von München aus durfte ich auch den einen oder anderen Ausflug machen. So fuhr ich am 7. Juni 1942 mit dem damaligen Oberministranten, mit dem ich mich sehr gut verstand, an den Ammersee, nach Andechs. Wir stiegen aber nicht auf den Heiligen Berg, sondern blieben zum Baden herunten. Das war uns wichtiger. Als er eingezogen wurde, blieb kein anderer mehr als Oberministrant übrig als ich. Und dann war ich also am Dom in München Oberministrant, was mich heute noch stolz macht. Als der Dom durch Bombenangriffe stark beschädigt wurde, verlagerte sich vieles in die Kirche St. Michael. Als Ministranten machten wir auch einmal einen Ausflug nach Schäftlarn. Gleich neben Kirche und Kloster war eine Art Jugendherberge, die dem Kloster gehörte. Dort verbrachten wir mit unserem Kaplan, der nachreiste, einen lustigen Tag der Einkehr.

Während meiner Zeit als Ministrant keimte in mir allmählich der Wunsch, Priester zu werden. Als kleiner Bub hatte ich noch Hauptmann werden wollen, denn der Krieg und das Militär hatten ja unsere Jugend beherrscht. Jetzt, als Ministrant am Dom in München, kam mir allmählich die Sache anders, weil mir der Dienst des Priesters sehr, sehr gefiel. Durch das Ministrieren schon in Pfarr-

Es erfüllte mich mit Stolz, am Dom in München Großministrant sein zu dürfen. Dieses Bild entstand im Innenhof von St. Michael, kurz bevor ich zum Reichsarbeitsdienst musste. Der Dom war bereits „ausgebombt".

kirchen fing es an, schwankend natürlich, mit dem Berufswunsch, Priester zu werden. Da wirkte sicher mit, dass man mehrere Priester vor Augen hatte, von denen man etwas gewann an Vorbild und Ausrichtung. Der Berufswunsch verfestigte sich in der Zeit, als das Ministrantendasein in München in eine vielfältige und frohe, vor allem von Vertrauen zueinander geprägte Gemeinschaft einmündete, begleitet durch die Führung eines tapferen Geistlichen.

Mein Verhältnis zur Hitlerjugend war sehr gespannt. Einmal musste ich zur Strafe bei der sogenannten Bann-Führung antreten, weil ich mir ein freches Wort erlaubt hatte. Dies passierte zu einer Zeit, da wir schon als Helfer beim Luftschutz im Einsatz waren. Das brachte eine gewisse Freiheit gegenüber der HJ mit sich. Bei Voralarm rückte schon die erste Gruppe aus unserem Haus ab. Wir vom Albertinum waren als Melder eingesetzt, weil wir unmittelbar neben dem Polizeipräsidium wohnten. Wir hatten auch schon einen Luftschutzhelm und fühlten uns sehr stark und ließen uns von niemandem mehr etwas sagen – auch nicht von der HJ.

Im Frühjahr 1943 erhielt ich per Einschreiben den „Reichsarbeitsdienst-Gestellungsbefehl". Mit dieser Einberufung zum Arbeitsdienst war schon vorprogrammiert, dass es hernach unmittelbar zum Militär gehen würde. Da war ich knapp 17 Jahre alt. Die Einberufung zum Arbeitsdienst sah vor, dass man sich zunächst in der Türkenkaserne zu sammeln hatte. Und Ironie des Schicksals? In die Türkenkaserne war 1915 auch mein Vater einberufen worden. Von dieser Kaserne marschierten wir mit unseren Pappkartons los durch die ganze Stadt zum Hauptbahnhof – unter Absingen entsprechender Lieder, die man uns ja längst eingebläut hatte. Entlang unseres Weges blieben Leute stehen, schauten zu uns herüber, schüttelten den Kopf. Überhaupt keine Begeisterung, auch nicht von unserer Seite. Aber so war es halt.

„Nun bläst ein anderer Wind!" habe ich unter dieses Einschreiben aus dem Jahr 1943 notiert. Es enthielt die Einberufung zum Arbeitsdienst, womit auch schon der anschließende Militärdienst vorprogrammiert war. Das bedeutete einen Schlussstrich unter mein bisheriges Leben. In einer solchen Zwangsgemeinschaft, wie das nun einmal war, hatte jeder viel zu schlucken, aber wir übten untereinander auch Solidarität.

Arbeitsmann Franz Xaver Eder am Wachthäusl. Auf dem Zaun im Hintergrund hängten wir unsere Wäsche zum Trocknen auf. Das Abzeichen beim Reichsarbeitsdienst war der Spaten und dieser wurde anstelle eines Gewehrs gehandhabt, als wäre er ein heiliges Zeichen. Religionsausübung war nicht vorgesehen. Wir hatten auch keinen Sonntagvormittag frei, so dass man nicht zum Gottesdienst gehen konnte. Das hat mir ziemlich gestunken.

Schließlich wurden wir in einen Sonderzug verladen. Der brachte uns durch die schöne Landschaft hinein nach Rosenheim und den ganzen Inn hinauf bis Landeck. Dort mussten wir aussteigen, wurden umgruppiert in Omnibusse und ich kam nach Pfunds im Oberinntal, einer Gemeinde im Bezirk Landeck im österreichischen Bundesland Tirol. Pfunds liegt im obersten Abschnitt des Tiroler Inntals im Dreiländereck nahe der Grenze zur Schweiz und zu Südtirol, dort, wo der Inn aus der Schweiz herauskommt. Das alles wäre wunderbar gewesen, wenn uns nicht der Arbeitsdienst den ganzen Aufenthalt verdorben hätte.

In einer solchen Zwangsgemeinschaft, wie das nun einmal war, hatte jeder viel zu schlucken, aber wir übten untereinander auch Solidarität. Ohne die wäre es nicht gegangen. Beim Arbeitsdienst waren die Schikanen gemein und persönlich. Das konnte einen sehr mürbe machen. Die Verpflegung war gut, denn wir hatten Jugendlichenzulage. Aber es gab vieles, was für uns neu war und unser Lebensgefühl verletzte. Das fing an beim „12-Zylinder", wo jeweils sechs Mann nebeneinander und Rücken an Rücken saßen, wenn sie zur Toilette mussten. Eine Privatsphäre gab es so gut wie nicht. Das machte die Sache bedrückend. Religionsausübung war beim Arbeitsdienst nicht vorgesehen. Wir hatten keinen Sonntagvormittag frei, so dass man nicht zum Gottesdienst gehen konnte. Daran war auch nicht gedacht. Darum kreuzten wir an zwei Nachmittagen beim dortigen Pfarrer auf, der uns zur Beichte und zum Kommunionempfang zur Verfügung stand.

25 Pfennig war der Reinverdienst beim Arbeitsdienst pro Tag. Aber ein Brief nach Hause kostete schon 12 Pfennige. Mit der Arbeit war es nicht weit her, umso mehr mit vormilitärischer Ausbildung und mit quasi sportlicher Betätigung, wenn wir den Berg hinaufgejagt wurden. Schön war ein zweitägiger Gebirgsmarsch mit einer Gipfelbesteigung auf einen 3000er. Den habe ich später noch zweimal bestiegen.

Das Abzeichen für den Arbeitsdienst war der Spaten, und dieser wurde anstelle eines Gewehrs so gehandhabt, als wäre er ein heiliges Zeichen. Neben der vormilitärischen Ausbildung, nach viel Exerzieren und den sportlichen Schikanen mussten wir ab und zu etwas arbeiten. Das war mehr symbolisch. Wir bauten eine Straße ins Radurschltal, vorbei an einer kleinen Kapelle, die wunderbar hoch über dem Ort stand. Diese Straße führt heute noch hinauf. Als ich mit meinem Motorrad später wieder hinkam, hielt mich ein Forstbeamter auf und sagte mir, die Straße dürfe ich nicht befahren. Ich antwortete: „Die hab ich gebaut!" Da ließ er mich weiterfahren. Ich kann mich noch gut erinnern, wo ich seinerzeit die Böschung befestigt habe.

Später – nach 25 Jahren – kam ich noch einmal an den Ort, wo das Reichsarbeitsdienstlager gestanden hatte. Aber nichts mehr deutete darauf hin. Jetzt wird dort Tennis gespielt. Und daneben stand ein neu gebautes Bauernhaus. Eine Frau kam auf den Balkon und schüttelte die Betten aus. Ich fragte sie, ob sie wisse, wo ihr Haus steht. Sie schaute nur komisch und ich erwähnte das Reichsarbeitsdienstlager. Aber sie wusste nichts davon. Die Leute in Pfunds verdrängten diesen Abschnitt von 1941 bis 1945 anscheinend total. Niemand von den Leuten, mit denen ich sprach, wusste von dem Arbeitsdienstlager etwas. Es war nach Kriegsende abgerissen worden. Einen einzigen Vorteil hatte der Arbeitsdienst: Ich wusste, dass er in einem Vierteljahr vorbei ist, und lebte auf das Ende dieses Vierteljahres zu. Man hatte nur Angst, der Arbeitsdienst könnte verlängert werden. Aber das passierte Gott sei Dank nicht. Nachher wurde es jedoch keinesfalls leichter: Ich musste in den Krieg.

Mit der Arbeit war es nicht so weit her beim Reichsarbeitsdienst. Im Vordergrund standen vormilitärische Ausbildung und sportliche Schikane. Ich marschiere in dieser Vierergruppe als Letzter. Es war die „Wachablösung".

KRIEG UND GEFANGENSCHAFT

DEM DIENST ALS SOLDAT FOLGTEN FAST
DREI JAHRE KRIEGSGEFANGENSCHAFT
IM KAUKASUS. AUF DEM WEG DORTHIN WAR
DIE SONNE UNSER KOMPASS UND
DIE FLÜSSE DIENTEN ALS WEGWEISER.

„Lieber mit einem Fuß in der Heimat als mit zwei Beinen im Grab!" Als Buben hörten wir manchmal diesen Ausspruch von Veteranen, die aus dem 1. Weltkrieg heimgekehrt waren. Mit nur einem Bein und einer oft schmerzenden Prothese humpelten sie durch die Straßen. Was die alten Krieger damit meinten, wurde mir und meinen Kameraden erst klar, als wir selber in den Krieg ziehen mussten.

Zunächst ließ sich die Sache vergleichsweise harmlos an. Während der Grundausbildung in Oberammergau wurde ja noch nicht scharf geschossen. Wenn ich es recht im Kopf habe, musste ich am 26. August 1943 zu den Infanterie-Nachrichten einrücken. Wir wurden dort am Bahnhof abgeholt. Da marschierten wir noch als Zivilisten mit einem Köfferchen in der Hand in die Kaserne. In den ersten Tagen hatte ich eine Begegnung mit einem Österreicher, die ich nicht vergesse. Ich weiß nicht, ob ich schon eine Uniform anhatte oder ob ich noch in Zivil war. Auf dem Weg vom Parterre in den ersten Stock lief ich einem Obergefreiten über den Weg. Ich sprang gleich auf die Seite, „baute Männchen". Und da bleibt der auch stehen, schaut mich von unten bis oben an und fragt mich in schönstem Kärntner Dialekt: „Was bist denn Du von Beruf?" – „Gymnasiast, Herr Obergefreiter!", antwortete ich. „Ha", sagte er, „mechst a Pfarrer werden?" – Ich, ganz kleinlaut: „Jawohl, Herr Obergefreiter!" Er darauf: „Und i a!" Das war der Anfang einer Freundschaft, die bis zu seinem Tod gehalten hat. Er ist auch Priester geworden und als Pfarrer bei St. Veit an der Glan (Österreich) gestorben.

Die ersten Tage in Oberammergau sollten uns zu Soldaten formen. Wir wurden also entsprechend „geschliffen". Wir waren vielleicht 14 Tage in Oberammergau. Da hieß es schon „zusammenpacken". Wohin wir kamen? Mit dem Zug fuhren wir nach Füssen im Allgäu, in die dortige große Kaserne. Wir hatten uns noch nicht einmal richtig eingelebt, sofort begann der Dienst. Eine Woche später ging es schon wieder auf die Reise – nach Frankreich. In Grenoble wurden wir endgültig ausgeladen. Wir sollten für die abgezogenen Italiener – die hatten sich ja inzwischen aus dem Staub gemacht – als Besatzungstruppe fungieren und zugleich unsere Ausbildung absolvieren.

Für einen jungen Menschen war die Fremde ein Erlebnis. Das andere Land, von dem ich zu diesem Zeitpunkt nur von der Landkarte her gewusst hatte, und die Umstände, in die wir hineingeworfen wurden. Oder auch, dass wir ständig Wache schieben mussten, vor allem, weil schon erste Sabotageakte der französischen Widerstandsbewegung genau in diesem Gebiet aufflammten. Gleich in den ersten Wochen flog eine Kaserne in die Luft. Da hatten die Résistance-Leute erhebliche Mengen an Sprengstoff unterhalb der Kaserne in Anschlag gebracht. Aber die stand leer, weil sie von den Italienern geräumt worden war. Als das passierte und der Rauchpilz über der Stadt aufstieg, waren wir gerade auf freiem Feld auf Übung. Und doch blieb der Anschlag für uns nicht ohne Folgen. Die Résistance hatte den Sprengstoff durch die uralten Kanäle der Römerstadt unter das Gebäude geschafft. Nun sollte alles, was unterirdisch war, bewacht werden. Die Kanaldeckel wurden hochgehoben, die Schächte bloßgelegt, Drahtverhau in die Kanäle geschmissen und oben stand dann einer von uns Rekruten, der mit dem Karabiner nach unten weisend das Loch zu bewachen hatte. In der Nacht standen wir Posten und am Tag wurden wir ausgebildet. Eine strapaziöse Sache. Ich bin damals sehr, sehr schlank geworden – obwohl ich vorher schon schlank gewesen war.

Nach dem Anschlag auf die Kaserne durften wir Soldaten am Tag nur zu zweit und in der Nacht nur zu sechst ausgehen, und

zwar immer mit geladenem Karabiner. Als wir an einem Sonntag die Möglichkeit hatten, eine Messe zu besuchen – ich glaube, es war in der Kathedrale, aber ich kann es nicht mehr beschwören – besuchte ich mit einem Kameraden den Gottesdienst. Das fiel nicht weiter auf. Wir standen wie arme Sünder ganz hinten und hielten unsere Gewehre „bei Fuß". Der Mesner kam zum Sammeln. Wir hatten schon etwas hergerichtet, aber er machte um uns herum einen großen Bogen. Und als es so weit war, dass wir nach dem Schlusssegen die heilige Kommunion empfangen konnten, marschierten wir beide nach vorn und knieten uns an der Kommunionbank nieder, wie es sich gehörte. Beim Hinknien aber kam auf einmal neben unserem Kopf der Gewehrlauf zum Vorschein. So knieten wir dort und empfingen die Kommunion. Sie wurde uns vom Priester nicht verweigert. Ganz im Gegensatz zum Mesner, der von uns bei der Kollekte kein Scherflein haben wollte.

Der geladene Karabiner war unser ständiger Begleiter. Im Soldatenkino, das wir abends besuchen durften, war das nicht anders. Alle hielten ihren Karabiner zwischen den Beinen. Einmal, der Film lief bereits, fiel ein Schuss. Alles erstarrte, der Film setzte sofort aus, das Licht ging an. Was war passiert? Schon wieder ein Sabotageakt? Schnell stellte sich heraus, dass einer von uns im Kino, wohl weil der Film so spannend war, am Gewehr herumgefummelt und damit einen Schuss ausgelöst hatte. Der Soldat saß ziemlich weit hinten im Kino. Der Schuss ging durch die Empore und streifte da oben einen Soldaten am Fuß. Das Kino war für diesen Tag zu Ende. Künftig standen Unteroffiziere und Feldwebel vor dem Soldatenkino. Sie kontrollierten, ob die Soldaten ihr Gewehr auch wirklich gesichert hatten. Erst dann durften wir ins Kino.

In unserem Dienst kamen wir viel ins Gelände. Auch eine Gartenkolonie der Stadt Grenoble gehörte dazu. Die kleinen Häuschen in den Gärten interessierten uns. Nicht, dass wir einbrechen wollten, aber wir schauten uns halt dort ein wenig um. Da entdeckten wir an einem Häuschen das Emblem der neu gegründeten katholischen Jugend Frankreichs. Wir sahen auch, dass Jugendliche und Kinder unterwegs waren. An einem Sonntagnachmittag, während des Ausgangs, wollten wir, einige Seminaristen, die jungen Leute dort in der Gartenkolonie besuchen. Wir freuten uns darauf so nach dem Motto: Die sind ja „von unserer Firma". Wir bedachten nicht, dass die jungen Franzosen uns nicht als Glaubensbrüder, sondern als Besatzer sahen. Entsprechend verlief auch unsere Begegnung. Als sie merkten, dass wir auf sie zugingen, sind sie schnell in das Haus hinein und riegelten von innen zu. Jetzt standen wir draußen und klopften. Einer von uns, der ein bisschen Französisch konnte, wollte deutlich machen, wer wir sind und was wir wollen. Aber von drinnen hörten wir nur Angstgeschrei. Da brachen wir den Versuch einer Begegnung ab.

Beim Marsch durch Grenoble beobachteten wir, dass es in einem Privathaus ein Angebot für ein Brausebad gab. Und dessen haben wir sehr, sehr bedurft. So gingen wir in einer dienstfreien Zeit ins Brausebad. Mit geladenem Karabiner. Wir durften in einem Vorraum mit anderen Badegästen Platz nehmen. Der Wasserdampf erzeugte eine dunstige Atmosphäre. Wir kamen dran und wurden in eine kleine Kabine geführt. Auf der einen Seite war die Umkleide, auf der anderen das Brausebad. Und das war eine solche Wohltat, dass ich mich noch heute gut daran erinnern kann. Man bekam sogar ein richtiges Handtuch zum Abtrocknen. Wer fertig war, schlüpfte wieder in seine Kleidung, wir in unsere Uniform. Als ich mein Gewehr vom Haken nahm, erschrak ich sehr. Der heiße Wasserdampf aus dem Bad lag wie beginnender Rost auf dem ganzen Gewehr. Ein furchtbarer Schreck! Wenn das der Feldwebel sieht, dann ist was los! So folgte die Strafe auf dem Fuß. Die

restlichen Stunden dieses Tages mussten einer außerordentlichen Gewehrreinigung dienen.

Wenn sich die Erlebnisse in Grenoble auch stellenweise so lesen mögen wie die Lausbubengeschichten von Ludwig Thoma, so lag über allem doch eine bleierne Schwere, weil wir uns mitten im Krieg befanden. Zum Abschluss unserer Ausbildung, Ende Dezember 1943, durften wir in den Heimaturlaub fahren. Am Stephanstag bekam ich den ersehnten Schein dafür. Es ging heim nach Pfarrkirchen – für 14 Tage.

„Gefallen in der Winterschlacht im Osten!" Das las ich auf Sterbebildern. Jetzt, im Februar 1944, sollte ich selber in den Osten fahren. Wir wurden in die Ukraine transportiert in ein namenloses Dorf, das mitten im Schnee lag. Dort ging unsere Ausbildung weiter. Wir warfen Handgranaten und schossen auf Pappkameraden. Und dann sollten wir „reif" sein für die Front. Ich wurde als Nachrichtenmann einer Gruppe mit schweren Granatwerfern zugeteilt. Nachrichtengerät aber war nicht vorhanden. Jetzt war ich also ein frei Verfügbarer, der da mitlaufen musste. Und was tut man mit so einem, der da frei verfügbar ist? Man hängt ihm alles Mögliche auf, zum Beispiel Munitionskisten. So musste ich zu meinem anderen Zeug, das ein Infanterist zu tragen hatte, auch noch an jeder Hand eine Munitionskiste mit Werfergranaten mitschleppen. Da war ich bedient. Aber die anderen waren es auch.

Auf dem Weg zum ersten Einsatz an der Front geriet unser Zug unter Beschuss. Es ging drunter und drüber. Ausladen auf freier Strecke! Hier erlebte ich meine ersten Schwerverwundeten. Später rückten wir vor bis zum nächsten Bahnhof. Dort stand schon der Panzerzug, der uns den Weg freigeschossen hatte. Meine Kameraden waren dabei, die ersten Gräber auszuheben. In stockfinste-

Beim Reichsarbeitsdienst musste ich den Spaten schultern, als Soldat der Wehrmacht den Karabiner, wie hier am 23./24. Dezember 1943 in Grenoble (Frankreich) vor unserer Kaserne.

rer Nacht marschierten wir weiter und fanden uns in einer allgemeinen Rückzugsbewegung. Das Wetter schlug um und Tauwetter setzte ein. Mit jedem Schritt blieb man im Dreck hängen. Nach Tagen und Nächten gelangten wir an einen Fluss. An einer Brücke wurden wir „aufgefangen“ und so kam wieder etwas Ordnung in das Chaos des Rückzugs. Das Städtchen jenseits der Brücke bot für einige Tage ein Dach über dem Kopf. Nur meine Füße wollten nicht mehr aus den Stiefeln.

Schon wieder wartete ein Zug auf uns. Quer durch Rumänien verbrachte er uns in die Gegend von Jassy, wo wir die Ölfelder verteidigen sollten. Dabei war eine Höhe zu erstürmen. Wir kamen ziemlich heran, aber die Gegenwehr wurde immer intensiver. Wir lagen fest. Ich spürte einen Schlag auf meinen rechten Unterarm. Es hatte mich „erwischt“! Jetzt nur ruhig bleiben und sich ganz klein machen, dachte ich mir. Ich war also ganz cool, wie man es heute nennen würde. Ich habe mich also ganz still verhalten, den Kopf eingezogen und abgewartet, bis es finster wurde. Dann setzte ich mich ab, das Gewehr im Schlepptau. In dem Dorf, aus dem heraus wir angegriffen hatten, war der Hauptverbandsplatz eingerichtet. Ich wurde verbunden und mit einem Sanka ins Krankenhaus von Jassy verbracht. Das war schon total überfüllt mit Verwundeten, aber ich bekam meine Tetanusspritze und einen Zettel ans Knopfloch, auf dem mein Verwundetenstatus vermerkt war. Schließlich landete ich in einem Transportzug, der schon mit vielen noch gehfähigen Verwundeten gefüllt war. Er brachte uns quer durch halb Europa nach Warschau in eine sogenannte Krankensammelstelle. Dort schrieb ich einen Gruß nach Hause. Mit der linken Hand. Die Adresse konnte ich nicht deutlich genug schreiben. Ein Kamerad tat es für mich. Der Brief kam nach Hause zu meiner Mutter. Ganz hinten war noch der persönliche Gruß von mir mit der linken Hand geschrieben. Der Postbote, ein Mann mit den Erfahrungen des 1. Weltkrieges, sagte zu meiner Mutter: „Er lebt schon noch, er hat hinten noch draufgeschrieben.“

Ich wurde im Laufe meines Lebens einige Male gefragt, wann ich als Soldat spürte, dass wir in den Ländern, die Deutschland überfallen hatte, gehasst werden. Dass wir nicht beliebt waren, merkten wir schon in Frankreich. Aber so recht spürte ich es das erste Mal in Warschau. Wir wurden damals vom Bahnhof in die Krankensammelstelle mit einem Sondertriebwagen gefahren. Ich wollte ein wenig hinaussehen und stellte mich vor die Tür auf das kleine Trittbrett. Hinter dem Wagen lief ein kleiner Bub, vielleicht fünf oder sechs Jahre alt. Um die Kurve herum ging es langsamer. Da war er ganz nah dran und schimpfte herauf und spuckte aus, was er konnte. Für mich war der Bub ein Zeugnis dafür, wie sehr wir in diesem Land verhasst waren.

Die Granatsplitter von Jassy machten mir noch länger zu schaffen, auch zu meinem Guten. Sie waren ein Segen, ein großer Segen. Wäre ich im Russland-Feldzug geblieben, wer weiß, ob ich den Krieg überlebt hätte. So kam ich zunächst in ein Notlazarett nach Aschaffenburg. Eines Tages ging es im Pulk ins Krankenhaus zum Operieren. Wir waren eine Gruppe von 20 Leuten, die alle irgendwelche Splitter entfernt bekamen. Der Operateur hatte einen Röntgenapparat. Da musste man daruntertreten. Ich legte meinen Arm hin und der Arzt spießte mit einer langen Nadel die Splitter an. Die Nadeln wackelten immer, das war sehr unangenehm und dauerte bis zur Operation. Als ich aus der Narkose erwachte, war ich quasi schon wieder transportfähig. Der letzte meiner Splitter von Jassy kam erst nach meinem Abitur „ins Gehen“. Damals hätte ich beinahe die Prüfung nicht mitschreiben können. Von Aschaffenburg aus wurde mir Kurzurlaub genehmigt. Ich durfte heim. Mütter aber schauen immer nach der Ordnung, auch

bei den Herrn Söhnen. Ich sollte mich gründlich säubern. Als Erstes zog ich meine Uniform aus. Und da marschierte doch glatt über die Uniform eine letzte, wunderbare, fette Laus! Wie ein Panzer bewegte die sich über den Kragen der Uniform. Ich habe sie dann geknackt – das hat auch wirklich „geknackst“ – das war mein letztes Mitbringsel aus Russland gewesen.

In Aschaffenburg gab es im Lazarett eines Tages eine kleine Aufregung. Der Generalarzt aus München, der oberste Militär-Mediziner in Bayern, ordnete persönlich an, mich sofort nach Altötting zu verlegen. Anschließend wurde ich von allen Seiten befragt, ob ich denn einen Verwandten habe, der bei der Sanität etwas Besonderes sei. Später bekam ich heraus, dass dieser Befehl vom Generalarzt über meinen Vetter, einen schlichten, aber schlauen Obergefreiten, gelaufen war. Er arbeitete beim Generalarzt als Schreiber. Und dieser Vetter hatte seinem Vorgesetzten, dem Generalarzt, einfach den Befehl für meine Verlegung untergeschoben.

1944. Die Lazarette wurden ständig durchkämmt, um freie Plätze zu schaffen. Dazu war ein Oberstarzt beauftragt. Von uns Soldaten wurde er „Heldenklau“ bezeichnet. Das ging so zu: Dem Heldenklau wurde man als Verwundeter vorgestellt. Der begutachtete, wie weit man schon gesund, „kv“ – kriegsverwendungsfähig – war. Als ich in Altötting diesem Heldenklau vorgestellt wurde, sagte der Arzt: „Den können wir schon noch herzeigen.“ Ich wurde vorgeführt, der Heldenklau warf einen Blick auf meine Verwundung, hörte sich den Kommentar des Lazarettarztes an, und der meinte, dass ich noch vom Masseur behandelt werde müsste. Darauf der Heldenklau: „Geht in Ordnung!“ Mein Dasein im Altöttinger Lazarett – dem Franziskushaus – war für die nächsten vier Wochen gesichert. Dann kam der Heldenklau wiederum. Der Arzt und die Schwestern waren wegen meiner fortgeschrittenen Gesundheit der Meinung: „Jetzt können wir ihn nicht mehr herzeigen; wir müssen ihn wegräumen.“ Man schickte mich auf Dienstreise nach Traunstein. In Kriegszeiten war das etwas umständlich. Von Altötting fuhr ich nach Mühldorf und von Mühldorf zurück über Tüßling nach Traunstein. Dort war ein Lazarett, wo ich den Zweck meiner Dienstreise zu erfüllen hatte: 125 Gramm Bohnenkaffee abholen. Das machte ich und ließ es mir dabei nicht pressieren, um nicht zu früh heimzukommen. Mit einem der letzten Züge fuhr ich zurück und lieferte brav meine 125 Gramm Bohnenkaffee ab. Der „Heldenklau“ war längst wieder weg. Nach weiteren vier Wochen freilich war ich überreif, vom Lazarett entlassen zu werden. Ich bekam noch Genesungsurlaub und durfte drei Wochen heim.

In die Zeit meines Lazarettaufenthaltes fiel der 20. Juli 1944, der Tag, an dem Claus Graf Schenk von Stauffenberg in der „Wolfsschanze“ auf Hitler ein Attentat verübte. Das war eine aufregende, gefährliche Nachricht. In meiner Naivität meinte ich gleich, jetzt ist „er“ tot und konnte irgendwie meine Freude nicht verbergen. Ein Zimmerkamerad gab mir einen gewaltigen Stoß und warnte mich: „Halt Dich z'ruck, er is no net hi!“ Das war gut, dass er das gesagt hat, denn auf dem Zimmer, auf dem ich war, lagen auch zwei von der SS. Zu meinem Glück waren die beiden mit sich beschäftigt.

Immer mehr Todesanzeigen von Gefallenen standen in der Zeitung. Ich überspielte meine Ängste, auch auf diese Weise in die Zeitung zu geraten. Irgendwie war ich mir selber gegenüber etwas makaber. Ich war beim Fotografieren. Es wurde ein recht nettes Foto. Ich schau recht gut aus. Das war nach der Lazarettzeit und nach dem Heimaturlaub. Als ich das Foto bekam, sagte ich zur Mutter: „Schau her, das passt gerade für mein Sterbebild!“ Damit überspielte ich die ernste Situation. Meine Mutter aber war be-

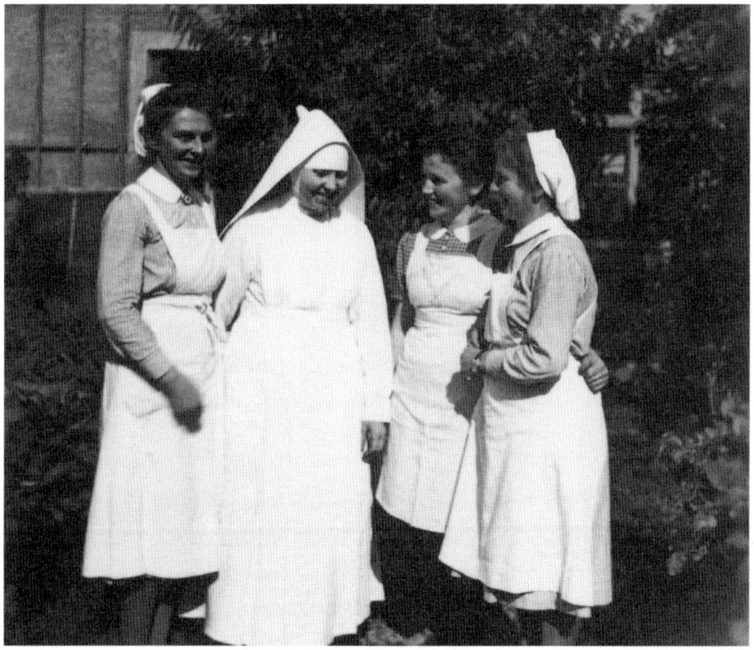

Das rote Kreuz an der Fassade des Altöttinger Franziskushauses zeigte an, dass in diesem Gebäude während des Krieges ein Lazarett untergebracht war. Hier konnte ich unter der Pflege von Schwestern meine Kriegsverwundung am rechten Arm auskurieren.

stürzt und überließ mir damals auf meine Bitten hin ein silbernes Kettchen mit einem kleinen goldenen Kreuz, das sie sonst trug. Mit dem zog ich dann los.

Ich war nach Kolberg in Pommern beordert und zu einer Panzerabwehreinheit überstellt. Überraschenderweise ging es von dort nicht nach Osten, sondern nach Westen. Alles erschien unheimlich, weil wir ständig, möglichst bei Nacht, transportiert wurden. Wir standen einige Tage bei Limburg auf einem Gleis, das weithin getarnt war. Als Wachposten konnte ich mich ja ein bisschen hin und her bewegen. Jetzt sah ich den Limburger Dom auf seinem Kegel stehen. Den kannte ich aus einem Bildband und wusste, wo ich bin. In einer der Nächte fuhren wir ganz vorsichtig weiter und kamen über den Rhein, das war eindeutig. Einfallender Nebel machte es möglich, dass wir schneller vorankamen und in der nördlichen Eifel landeten.

In der Nähe von Düren hatten wir Stellung zu beziehen. Das taten wir auch. Wir gruben uns ein und wir spürten, dass die Amerikaner uns waffentechnisch weit überlegen waren. Wir hatten ei-

nen guten Blick auf die vorderste Front, die ein bisschen auf der Anhöhe bei einem einsamen Bauernhof verlief. Dort wurden Verwundete gesammelt und abtransportiert. Das Überraschende war: Wenn ein Lkw mit einem roten Kreuz ankam, lenkten die Amerikaner ihr Feuer so, dass dem Verwundetentransport nichts geschah. Als ob sie sich die Munition gespart hätten! Wenn der Sanka weg war, deckten sie uns umso mehr ein. Hier hatten wir auch die ersten Toten.

Als Nachrichtler konnten wir nicht mehr funken, da hätten uns die Amerikaner sofort angepeilt. Es lief alles über Draht. Wir mussten überallhin die Leitungen legen. Aber die Leitungen waren ständig gestört beziehungsweise zerschossen. Als Nachrichtler musste ich sie immer wieder flicken. Mit der Hand an der Strippe entlang, suchte ich die Stelle, wo die Leitung kaputt war. Nie waren unsere Leitungen alle in Ordnung und so kamen wir nie zur Ruhe. Ich war unendlich müde, unendlich dreckig, unendlich hungrig. Und dazu der ungeheuere Beschuss. Und so kam ich nie richtig zur Ruhe. Später, nach Jahren, bin ich einmal hingefahren. Ich fand auch noch das Loch, in dem wir damals unsere Nachrichtenvermittlung untergebracht hatten. Von den Menschen dort hat sich niemand an das Geschehen erinnert, weil die Leute von damals wohl nicht mehr am Leben oder nicht mehr am Wohnort verblieben waren.

In dieser Zeit am Rand des Hürtgenwaldes lebten wir jeden Tag mit dem Tod. Unser Lebenshorizont bestand aus der eigenen Einheit und dem laufenden Tag. Es war keine Zeit, um sich etwa religions-philosophisch mit der Frage zu beschäftigen, warum Gott all diesen Wahnsinn zulässt. Ich ging die Situation mit einem grundsätzlichen Gottvertrauen an und mit Hilfe der selbstverständlichen Kameradschaft untereinander. Als Nachrichtler bei der Truppe waren wir in der Regel zu zweit zusammengespannt. Mein Truppkamerad war kein großer Christ, wahrscheinlich bei der Konfirmation das letzte Mal in der Kirche gewesen. Aber er war ein gewaltig guter Kamerad. Wir trugen miteinander die gleiche Angst, da war es nur noch die halbe.

Verändert hat der Krieg mein späteres Leben nicht, aber bestätigt. Mein Leben war auf der Linie zum Dienst in der Kirche und eingebunden in eine, wie mir schien, intakte Kirchlichkeit. Und in diesem Rahmen wuchs auch die Sicherheit, dass ich Priester werden wollte. Ich war mit mir selber im Reinen. Die Sinnerfüllung hängt nicht an äußeren Zuständen, Gegebenheiten und Situationen, sondern ist eine Frage nach innen.

Es ging auf die letzte Kriegsweihnacht zu. Wir waren abgelöst worden und bekamen in einem bereits verlassenen Bauernhaus unsere Quartiere zugewiesen. Wir, das waren der Tross unserer Batterie, der Hauptfeldwebel mit Küche und Schreibstube. Und dann im engeren Sinn wir, ein paar Nachrichtler. Wir sollten unsere Nachrichtengeräte wieder in Ordnung bringen. Alles war sehr verdreckt, ja verwahrlost, noch schlimmer als wir selber. Ein Dach über dem Kopf, eine Stube mit Feuer und Herd, auf dem ein Topf mit heißem Wasser stand, erschien uns schon als kleiner Himmel.

Das Wetter war auf Dezember eingestellt. Trüb, nasskalt und gerade richtig für uns: So hatten wir wenigstens vor den Tieffliegern unsere Ruhe. Nur ab und zu donnerte eine V1 über uns hinweg und wir zogen jedes Mal die Köpfe ein. Man konnte ja nicht wissen, ob nicht im nächsten Moment schon der unregelmäßig knatternde Motor der Rakete ganz aussetzte und die fliegende Bombe auf uns herabkäme. Das blieb uns erspart, aber dafür brach aus dem wolkenverhangenen Himmel ein anderes Unheil auf uns

Ein Bild sagt mehr als tausend Worte. Auf dem linken Foto, das 1943 in Frankreich aufgenommen wurde, hatte ich noch ein Lachen im Gesicht. Das rechte Bild, fotografiert während eines Heimaturlaubes im darauffolgenden Jahr, spiegelt den Ernst der Lage. Als ich das Foto bekam, sagte ich zu meiner Mutter: „Schau her, das passt gerade für mein Sterbebild!"

herab. Wir wussten nicht, wie uns geschah. Wir flogen in der Stube durcheinander, einem glückte noch der Sprung in Richtung Kellereingang, das ganze Haus schien in sich zusammenzubrechen, die Fensterscheiben zersplitterten und aus dem Ofen schoss Feuer. In Sekundenschnelle war alles wieder vorbei. Wir rappelten uns hoch, stürmten ins Freie, sahen uns um und stellten, noch völlig verstört, fest, dass ein Bombenteppich – trotz des verhangenen Himmels – zielgenau über dem Dorf niedergegangen war. Der Feind flog mit Radar. Unmittelbar an „unserem" Haus klaffte ein Trichter. Das Fachwerk des Hauses hatte in seiner Elastizität einen völligen Einsturz verhindert. Aber wehe, wenn das Bombenstück bloß ein paar Meter weiter heruntergekommen wäre, etwa wie im mittleren Dorf oben, wo eine Reihe Häuser volle Treffer bekommen hatten. Dort holte man die Toten aus den Trümmern.

Selten nur ergab sich die Gelegenheit, beim Tross etwas zu erledigen. So aber am Heiligen Abend 1944. Wie ein Lauffeuer sprach sich herum, dass in der ramponierten Kirche von Wollseifen am späten Nachmittag ein Weihnachtsgottesdienst stattfindet. Das war mir wie ein großes Geschenk. Man muss sich das einmal vorstellen: Gottesdienst inmitten einer untergehenden Welt. Ich zog los, an zerstörten Häusern vorbei, zur Kirche hinauf. Am Beichtstuhl vorne links standen ein paar Soldaten und Zivilisten. Ich reihte mich ein und beichtete an jenem Heiligen Abend. Bis zum Gottesdienst fanden sich noch mehr Leute ein, vor allem auch letzte Bewohner des Dorfes. Barmherzige Hände hatten die Kirche zu diesem Tag von den Beschädigungen des Bombenangriffs geräumt. Die Fenster fehlten. Es war zugig und kalt in der Kirche und doch war es ein Gottesdienst, der das Herz warm machte. Ich kann mich nicht mehr an Einzelheiten erinnern, aber ich weiß, dass ich mit ganzem Herzen fromm zu sein versuchte, und ich glaube, dass das auch die anderen Teilnehmer so hielten – jenseits von Orgel und festlichen Gesängen, von Lichtern und Stimmung, die dieser Heilige Abend nicht bieten konnte. So ein Weihnachten vergisst man nicht.

Beim Tross war kein längeres Verbleiben für einen jungen Soldaten. So hatte ich meinen Platz dann an der Rur – zwischen Hammer und Monschau in der Eifel. Dort war ich einem Panzerabwehrkanonen-Geschütz zugeteilt, das an einer Kurve vor der Straßensteigung nach Widdau die Front gegen die Amerikaner stützen sollte.

Wir blieben nicht im Westen, sondern kamen wieder Richtung Osten. Unsere Panzerabwehreinheit sollte den Einbruch der Roten Armee stoppen helfen. Welche Illusion! Mein Kamerad und ich waren, als es längst keine militärisch durchgängige Ordnung mehr gab, als zwei Versprengte unterwegs. Unser Funkgerät führten wir in einem Handwagerl mit uns. Das war schon in Niederschlesien. Dort habe ich einmal gestohlen. In Strehlen waren wir in ein Haus eingewiesen, um die Nacht zu verbringen. Und dieses Haus war eine Buchhandlung. Mich interessierte sofort, was die im Sortiment hatten. Es gab auch Landkarten. Eine zog ich heraus. Und diese Landkarte, sie ging von Breslau bis Straubing. Maßstab 1 : 200 000. Diese Landkarte war mir sehr, sehr wichtig, weil sie fast bis nach Hause führte. Die steckte ich weg, aber so, dass sie niemand sehen konnte, denn das hätte als Defätismus ausgelegt werden können. Außerdem stand ja auf jeden Diebstahl die Todesstrafe. Wir plünderten nicht. Einer von unserer Batterie hatte leichtsinnigerweise ein Kinderringlein mitgenommen, das er seiner kleinen Schwester mit nach Hause bringen wollte. Den haben sie aufgehängt.

Als es auf den 9. Mai 1945 zuging, brauchten wir diese Landkarte unendlich notwendig, denn wir mussten ja aus der Gegend von Breslau über Münsterberg durch Glatz hindurch hinunter nach Pardubitz und wie die Orte alle heißen. Wir wollten ja heimkommen. Wir schlugen uns bis in den Raum Strakonitz durch, nur 60 Kilometer vom Grenzübergang Philippsreut entfernt. In der Nacht vom 9. auf den 10. Mai schafften wir es noch über die Moldau. Sie war damals Demarkationslinie zwischen den Russen und den Amerikanern. Wir fühlten uns unendlich befreit. Am nächsten Tag nahmen uns die Amerikaner „in Empfang", indem sie uns die Waffen niederzulegen befahlen. Unser Geschütz hatten wir zu diesem Zeitpunkt schon nicht mehr dabei. Wir schmissen unsere Gewehre hin. Die Amerikaner forderten uns auf, neben der Straße ein Biwak aufzuschlagen, weil die Straße vor uns von den vielen Flüchtlingen total verstopft sei. Wir sollten Geduld haben und dem Flüchtlingsstrom den Vortritt lassen. Das sahen wir ein. Und so warteten wir. Es ist 10. Mai geworden, es ist 11. Mai geworden, es ist 12. Mai geworden – und plötzlich waren wir von Russen umstellt. Da wussten wir, wo es hingeht. Fast drei Jahre Gefangenschaft im Kaukasus warteten auf mich. Das habe ich den Amerikanern bis heute nicht vergessen, dass sie so hinterfotzig waren und uns vorspiegelten, wir seien in ihrer Zone und gleichsam in ihrem Schutz. Sie hatten uns ja entwaffnet und als Gefangene angenommen, aber dennoch den Russen ausgeliefert.

Und dann ging es ohne die gestohlene Landkarte weiter ...

HINTER JEDEM KREUZ EINES KRIEGERS STEHT EINE FRAU

PREDIGT ZUM KRIEGSENDE AUF DEM GARTLBERG, GEHALTEN AM 1. MAI 2005

Wir sind heraufgezogen auf den Gartlberg. Wahrhaftig nicht im Paradeschritt. G'rad' wir alten Soldaten nicht. Wir zogen herauf auf den Gartlberg nicht als eine Demonstration, die Menschen provozierend. Wir zogen herauf in der Bescheidenheit einer Wallfahrt, einer Prozession. Sie will nichts von einem Menschen. Sie hat Gott im Blick. Wir schauten auf die beiden Türme, die wir uns zum Ziel gesetzt hatten. Und die antworteten uns mit vertrautem Geläute. Rund um uns herum riecht es nach Frieden!

Heute vor 60 Jahren läuteten keine Glocken. Sie hingen nicht mehr auf den Türmen. Heute vor 60 Jahren ging in unserer lieben Stadt die Angst um. In Bangnis verharrten die Leute in ihren Häusern. Angstvoll horchten sie auf jedes Geräusch. Mit Vorsicht spähten sie hinter den Gardinen durch die Fenster. Wohin bloß steuert das Schicksal mit uns und unserer kleinen Stadt? Gefahr war im Verzug. Niemand war auf der Straße. Das harmlose Rottaler Bockerl war vor Kurzem noch in das Fadenkreuz tödlicher Schüsse geraten. Unmittelbar vor der Stadt in Steffelsöd war eine junge Frau von einem Jagdbomber hingemäht worden. Alte Männer, in den Volkssturm gezwungen, sollten sich gegen eine Armee von Panzern erwehren. Idiotische Befehle hatten das Sagen. Und trotzdem, wie ein Wunder: um 13.15 Uhr, wenn ich unserer Pfarrchronik folgen darf, rasselten die ersten schweren Panzer der Amerikaner die Arnstorfer Straße herein, am Fuß des Gartlberges vorbei, hin auf den menschenleeren, totenstillen Stadtplatz. Kein Schuss fiel. Ungläubiges Staunen bei den Menschen hinter den Fenstern. Noch in Angst und doch ein Aufatmen. Und rundum aus jedem Haus weiße Tücher! Keine Gegenwehr! Kein Kampf! Nur schmerzvolle, ratlose Ruhe, nagende, peinigende Sorge um alle, die auch zum Haus, zur Familie gehörten und doch so weit weg waren und, wer weiß wo, im dunklen Ungewissen verblieben waren.

Vor 60 Jahren! Schon am Nachmittag dieses Tages wird der Gartlberg zum Ziel der Danksagung vieler. Der Krieg scheint überstanden zu sein. Ein erster Schritt in die Hoffnung hinein. Damals wird gelebt und gebetet, was sich dann im Lied niederschlägt: „Weil aller Schmerz sich mildert, der Deinen Trost erfleht, sind wir heraufgepilgert, mit Lobpreis und Gebet zu Dir, Du Schmerzdurchbohrte und blicken zu Dir hin." Zur gleichen Stunde an diesem Nachmittag des 1. Mai 1945 werden – nicht im gleichen Schritt und Tritt – die ersten Reihen deutscher Kriegsgefangener mit erhobenen Händen über den Stadtplatz getrieben. Hinaus Richtung Rennbahn. An die 30 000 Männer werden es am Ende sein, die unmenschlich zusammengepfercht auf engstem Raum auf der nackten Erde leben. Wovon? Sie vegetieren einer ungewissen Freiheit entgegen. Der Blick auf den Gartlberg mag die Hoffnung in ihnen nähren. Der Krieg ist vorbei. Der Friede noch fern!

Und doch aktivierten diese ersten Tage im Mai neue Kräfte. Uns – uns heute alten Männern irgendwo in Europa – schien das Ziel unserer Straßen wieder erreichbar. Und wo wir auch waren, wir sahen unsere Heimat wieder greifbar vor uns. Sie ließ uns nicht ruhen. Sie hielt uns aufrecht. Je dünner der Faden zu ihr zu sein schien, desto tiefer, intensiver wurde dieses Band und überwand Zeit und Ferne. Viel Zeit. Weite Fernen: „In unserer Not uns tröst' und stärk'", sagte das Gebet hier auf dem Berg vor der Mutter mit dem toten Sohn auf dem Schoß: „Lass die Tränen, die wir weinen, einmal hell wie Sterne scheinen." Der Krieg war ja vorbei. Der Friede noch fern.

Auf unserem Weg herauf auf den Gartlberg, wenn sich schon das Tor der Kirche in den Blick nehmen lässt, begegnen wir der Sebastiani-Kapelle. Still und unaufdringlich steht sie etwas abseits der Straße unter den Bäumen. Und doch kommen wir nicht achtlos an ihr vorbei. Nach dem 1. Weltkrieg wurde sie erbaut. Sie birgt heute das Andenken der vielen Toten der beiden Weltkriege. Wir alten Soldaten sind uns sehr wohl bewusst, jeder von uns hätte darin auch noch Platz haben können. Wenn wir immer wieder dafür danken, dass uns das Leben neu geschenkt wurde, können wir dies nur im Blick auf unsere toten Kameraden tun. Wir stehen stumm und demütig vor dem Geheimnis, dass wir jenen Krieg überlebt haben. Und wir sind zugleich unruhig, wir sind getroffen und empört, wie über diese Toten und unsere so schrecklich dezimierte Generation in oberflächlicher Leichtfertigkeit oft geredet und geurteilt wird. Jene supergescheiten Schnösel wissen nicht, was sie tun. Wir wissen vom Sterben der Ungezählten. Vom Sterben in Leid und Verzweiflung auf beiden Seiten der Front.

Sie, meine gleichaltrigen Schwestern hier, die Frauen, sie haben es ein langes Leben mitgetragen. Mit jedem Toten ist die Chance auf die Erfüllung des Lebens mit Mann und Kindern im Gehäuse einer Familie zerschossen worden. Sie haben dies in einer Stille und Tapferkeit getragen und überwunden, vor der wir alte Soldaten klein werden müssen. Unsere ach so wissende und alles analysierende Gesellschaft scheint völlig übersehen zu haben – oder sie überging es bewusst –, was die vielen allein gebliebenen, auf sich allein angewiesenen Frauen an der Überwindung der materiellen und der moralischen Kriegsschäden leisteten. Für ihren Rentenbescheid blieb das alles ohne Bedeutung. Wir alle hier, meine Schwestern und Brüder, dürfen es nie vergessen: Hinter jedem Kreuz – unter jedem Kreuz eines Kriegers – stand eine Mutter und steht eine Frau. Die Sebastiani-Kapelle auf dem Weg zur schmerzhaften Mutter bleibt Station auch noch heute für uns alle. Männer und Frauen. Alle sollten wir beten im Blick auf die schmerzhafte Mutter vom Gartlberg: „Hilf uns den Kummer tragen und mach das Herz uns frei, dass wir den Schmerz begreifen und seinen heiligen Sinn, und wie Du in Demut reifen zum Herzen Gottes hin!“

Gescheite, heute den Ton und die Themen angebende Leute sagen uns, dass es 60 Jahre nach dem Krieg und nach allen damit verbundenen Gräueln unser aller Aufgabe sei, eine „Kultur der Erinnerung“ aufzubauen. Das, meine Schwestern und Brüder, lässt sich nicht so einfach verordnen. Eine „Kultur der Erinnerung“ braucht einen fruchtbaren Boden. Muss wachsen können und dürfen. Eine „Kultur der Erinnerung“ will gepflanzt und gepflegt werden. Unsere Dankwallfahrt heute ist gelebte, vom Gebet durch und durch imprägnierte, tapfere Erinnerung. Eine Erinnerung, die bleiben wird. Als von Verdrängung und Vergesslichkeit belastete Menschen aber verlebendigen wir Christen die Erinnerung im Blick auf jene Frau, die ihren toten Sohn auf dem Schoß trägt. Weil wir Christen glauben, vergessen wir nicht. Wir haben in der schmerzhaften Mutter das Erinnerungszeichen, das unser Geschick hinführt in die dankbare Verehrung Gottes. Und Gott lässt keinen Toten aus seiner Hand fallen.

Bild Seite 47: Unter jedem Kreuz eines Kriegers stand eine Mutter und steht eine Frau. Alle sollten wir beten im Blick auf die schmerzhafte Mutter vom Gartlberg: „Hilf uns den Kummer tragen und mach das Herz uns frei ...!“

Als ich aus der Kriegsgefangenschaft heimkehrte, hatte ich viele Bilder im Kopf. Diese sind mir bis heute geblieben. Mein Glück: Ich habe sie nur vor Augen, wenn ich bewusst daran denke. Ich sehe sie aber nicht im Traum. Dafür bin ich Gott dankbar. Fotos habe ich aus dieser Zeit keine. In einem von der Welt vergessenen Lager für deutsche Kriegsgefangene zwischen Kaukasus und Schwarzem Meer gab es halt keinen Fotoapparat.

Doch der Reihe nach. Am 12. Mai 1945 lieferten mich die Amerikaner den Russen aus. Die Reise ins Ungewisse ging zu Fuß weiter. Was wir zuvor schon an Raum Richtung Heimat gewonnen hatten, wurden wir wieder zurückgetrieben. Und zwar nach russischem Muster, in 5er-Reihen, stets überwacht von den scharfen Augen der Roten Armee. Tschechische Passanten beobachteten uns von der Straße her. Als wir durch ein Dorf kamen, endlich an einem Brunnen vorbei, stürzten sich natürlich alle auf diese Wasserquelle. Tschechen und Russen trieben uns jedoch auseinander. Zuerst war ich drei oder vier Wochen im südlichen Böhmen. Das provisorische Lager war ein großer Wald, den die Russen rundherum mit Stacheldraht eingegrenzt hatten. Da drinnen spielte sich in den ersten Wochen die Gefangenschaft ab – mit viel Hunger und Durst. Wir konnten nicht ohne Weiteres an Wasser. Einiges hatten wir noch dabei, eine Zeltplane, eine Decke oder Ähnliches, um uns zu schützen. Doch das half nicht viel beim sommerlichen Dauerregen jenes Jahres. Das war schlimm. Wir waren ständig durchnässt, hungrig und konnten kaum schlafen.

Eines Tages wurden wir an einen See getrieben. Hier durften wir uns endlich richtig waschen. Das kostete uns freilich auch alle Haare, denn wir wurden kahl geschoren. Ich fühlte mich persönlich sehr berührt, wenn ich mir mit der Hand über die geschorene Glatze strich. Später ging es dann weiter durch Österreich. Besser gesagt: Wir wurden durch ein paar recht schöne Dörfer getrieben. Die Leute aber hatten sich alle in die Häuser zurückgezogen. Ich merkte mir Waidhofen an der Thaya mit einem wunderschönen Wasserschloss. Das prägte sich mir damals beim Vorbeistolpern ein. Am Bahnhof in Göpfritz an der Wild wurden wir in Güterwaggons verladen. Sie hatten ein „Zwischendeck" eingebaut, damit möglichst viele Gefangene Platz finden konnten, wenigstens im Sitzen oder Liegen. Das schmale Lüftungsfenster war mit Stacheldraht vergittert. Bei der verschlossenen Waggontüre war ein Loch in den Boden gesägt und mit einem blechernen Trichter versehen – für unsere Notdurft. Wehe, wer dort in der Nähe seinen Platz eingenommen hatte. Wir klebten beisammen wie die Bratheringe in der Dose.

Dann ging die Fahrt los in Richtung Süden, an Wien vorbei, Richtung Budapest und Szegedin. In Rumänien wurden wir ausgeladen und in ein riesiges Umschlaglager hineingetrieben. In einem furchtbaren Durcheinander verbrachten wir dort Tage und Nächte. Nur die Ausgabe der spärlichen Verpflegung sorgte für eine gewisse Grundordnung. Am Michaelitag ging es auf der Breitspur weiter durch die Ukraine. So halbwegs wussten wir immer, wo wir uns gerade befanden. Die Sonne war unser Kompass und die großen Flüsse dienten als Wegweiser. Aber auch Kameraden, die schon dort im Krieg gewesen waren, kannten Gegend und Flüsse und Orte.

Nach Tagen der Spannung kam große Erleichterung: Der lange Transportzug behielt die Richtung nach Süden bei. Vom Ausguck auf der oberen Pritsche sahen wir die Kaukasusberge, später das Kaspische Meer. Bei Baku in Aserbaidschan durften wir kurz aussteigen. Gleich neben den Gleisen ein Ölfeld! So wusste ich, wo wir

ungefähr waren, denn soviel Erdkundeunterricht hatte ich noch im Gedächtnis. Nun kamen wir den Dingen wohl schon näher, die uns erwarteten. Unser Transport schwenkte nach Westen und dann nach Norden. Dann standen wir wieder. Die Waggontür ging auf, vor uns eine weite ebene Steppe – und zwei oder drei Gefangenenlager. Postentürme, Stacheldrahtzäune, Masten mit Scheinwerfern: unser späteres Hauptlager Rustawi.

Für uns ging die Fahrt im stickigen Waggon noch weiter. An Tiflis vorbei, einen Tag später an Gori, der Geburtsstadt Stalins. An einem frühen Nachmittag hieß es: „Alles raus mit Sachen!" Es war mühsam und weit hinunter vom Waggon bis auf den Schotterboden neben den Gleisen. Die Knie sackten ein, kraftlos geworden in den vier Wochen Transport. Umsteigen war angesagt. Wir zwängten uns in einen schmutzigen, aber offenen Güterwagen. Endlich war uns ein Blick ins Grüne gegönnt. Berge ragten auf und schauten zu uns herunter in die engen Güterwagen hinein, in das Vehikel auf der Schmalspurbahn. Sonst wohl transportierte dieser Waggon Mangan.

Der Abend eines späten Oktobertages brach an und die Nacht spuckte uns dann aus vor einem Lager, das schon auf uns gewartet hatte. Zuerst wurden wir umständlich und mehrmals gezählt, dann nahm uns eine Baracke auf, die nur aus den Außenwänden bestand und als Dachersatz von einer Plane überspannt wurde. Durch den langen Raum zog sich eine doppelstöckige Pritsche. Mann an Mann aneinandergeschlichtet wie auf dem langen Transport, versuchten wir, Schlaf zu finden. Ölfunzeln wachten über uns und von den Wachtürmen klopften die Posten auf ihrer Eisenschiene die Musik dazu, uns in den Schlaf. Wir waren in Chiatura eingetroffen, am Fuße des Kaukasus. Viele Fragen bedrängten und bedrückten mich.

Nun kamen die typisch russischen „Eingliederungsmaßnahmen". Wir selber und unsere Kleider wurden wieder einmal entlaust. Wir „Plenny" (Gefangene) konnten uns notdürftig säubern. Jeder bekam ein Stückchen Kernseife, g'rad' so groß wie eine normale Briefmarke und vielleicht drei Millimeter dick. Um den Strahl der lauwarmen Brause musste man sich mit fünf anderen Leidensgenossen streiten. Zum Abtrocknen gab es die heißen Utensilien, wenn sie aus der heißen Entlausungskammer geworfen wurden. „Wo ist bloß mei Sach unter den 50 anderen?"

Einige Tage verbrachten wir in Quarantäne. Da wurde nicht gearbeitet, deshalb fiel das Essen auch recht mager aus. Die Umgebung wäre recht schön gewesen. In einem schmalen Tal, links und rechts ging es steil hoch. An so eine Bergflanke schmiegte sich auch das Lager. Mitten durch das Lager führte ein kleiner Bach, die „Cloaca maxima". Ums Lager herum natürlich ein hoher, doppelter Stacheldrahtzaun – durchbrochen von Postentürmen und Scheinwerfermasten.

Unter den Wachposten herrschte eine gewisse Disziplin. Sie brüllten zwar gerne. Dann und wann konnten wir einen Stoß mit dem Gewehrkolben ernten, aber sonst verhielten sie sich wie Soldaten. Die Kommandos hörten wir alle auf Russisch. Sehr schnell wussten wir: Wenn er „stoi" sagt, heißt das absolut „Halt!" Mit meinem eigenen Namen wurde ich das erste Mal von einem Russen am 1. Januar 1946 angesprochen. Daran erinnere ich mich deswegen gut, weil wir den ganzen Tag frierend im Freien standen. Wir wurden an diesem Tag namentlich erfasst und nun ging der Einzelne nicht mehr völlig unter in der bloßen, gezählten Masse. Wir Kriegsgefangenen waren total isoliert und erfuhren nur, was uns offiziell verlautbart wurde. In der Gerüchteküche kochte es. Alles Mögliche ging „als Parole" durchs Lager. Zum Beispiel hieß

RUSSLAND
GROSSER KAUKASUS
ABCHASIEN
NORDOSSETIEN
SÜDOSSETIEN
GEORG
TÜRKEI
ARME
KLEINER KAUKASUS
SCHWARZES MEER
50 km
4000
3000
2000
1000
200
0 m
-1000
Khasaut
Arkhyz
Ritza
Teberda
Gantiadi
Gagra
Pizunda
Gudauta
Achali Aponi
Zebelda
Kwemo Ashara
Sochumi
Gulripschi
Tqvarcheli
Inguri-Stausee
Chaishi
Ochamchire
Gali
Zalendshicha
Inguri
Sugdidi
Elbrus 5642
Elbrus
Tyrnyauz
Ugolnyy
Mestia
Ushguli
Dykhatu 5204
Schchara 5068
Lentechi
Okureschi
Ladshanurpechi
Martwili
Ambrolauri
Oni
Tkibuli
Chiatura
Sachkhere
Zqaltubo
Khoni
Kutaisi
Senaki
Sabazho
Quievi
Poti
Rioni
Samtredia
Lanchkhuti
Chokhatauri
Nasakirali
Osurgeti
Kobuleti
Batumi
Schuachevi
Acharistsqali
Hopa
Arhavi
Findikli
Borcka
Murgul
Artvin
Pazar
Ardesen
Çayeli
Rize
Camlihemsin
Savsat
Ardahan
Posof
Damal
Hanak
Kura
Gölü-See
Wardzia
Achalziche
Abastumani
Aspindza
Achalkalaki
Bakuriani
Bordshomi
Charagauli
Chaschuri
Gori
Kaspi
Zchinwali
Beloti
Qemulta
Ninozminda
Gorelowka
Zemo Qarabulachi
Edikilisa
Zsalka
Bediani
Manglisi
Taschir
Bolni
Chegem
Nalchik
Nartkala
Terek
Mayskiy
Kashkhatau
Staryy Lesken
Elkhotovo
Bezengi
Balkariya
Chikola
Ardon
Digora
Nizhniy Zadales
Alagir
Akhsau
Karmadon
M1
M2
M8
E97
E70
E117
M29
3256
3789
4046
2781 m
3984
4436
4695
4313
4649
2820 m
4431
3988
3856
3339
2642
2820
2464
3033
3300
3042
2491
1581
40°
41°
42°
43°
44°

Tausende Kilometer von der Heimat entfernt: Am 12. Mai 1945 wurde ich vom Böhmerwald aus in ein russisches Kriegsgefangenenlager in Georgien transportiert. Chiatura (Kreis) hieß dieser Ort, auf der Landkarte zu finden zwischen dem Kaukasus und dem Schwarzen Meer.

Ein Blick aus der Vogelperspektive auf den Rand der georgischen Stadt Chiatura, wie sie etwa während meiner Gefangenschaft aussah. Unser Lager war ungefähr zweieinhalb Kilometer außerhalb des Stadtzentrums und ist auf dieser Luftaufnahme nicht erfasst.

es, wir kämen nicht vor 20 Jahren wieder heim. Das deprimierte mich sehr. Die russische Propaganda hämmerte uns ein, wir müssten, was im Krieg zerstört worden sei, wieder aufbauen. Aber hier in Chiatura waren wir in einer Gegend, in die die Deutsche Wehrmacht nie hingekommen war.

In Georgien befindet sich noch heute eine der weltgrößten Lagerstätten für Mangan. Unser Lager hatte den Auftrag, eine neue, vorbildliche und bis dahin alles übertreffende Manganwäscherei zu bauen. Dazu hatten wir die Voraussetzungen zu schaffen. Und die waren ziemlich mörderisch. Hier nun möchte ich einen bestens informierten Mitgefangenen zu Wort kommen lassen, einen damals nicht mehr ganz jungen Mann. Er sprach fließend russisch, beherrschte aber die Sprache auch in der Schrift. Er war aus dem Hauptlager Rustawi in das Nebenlager in den Bergen abkommandiert worden und sollte die innere Verwaltung dieser Außenstelle in Ordnung bringen. So berichtet Wend Graf von Kalnein in seinem „Georgischen Tagebuch“:

... so muss es in den Latomien Siziliens, den Steinbrüchen des Altertums, ausgesehen haben. Über die ganze Felswand verteilt, in mehreren Etagen übereinander gleichzeitig arbeitend, stehen halbnackte Gestalten, in glühender Sonne – der Breitengrad entspricht dem Neapels. Die Luft ist von dichtem, erstickendem Kalkstaub erfüllt, der Zugang zur Quelle auf dem Grunde der Schlucht wird von den russischen Posten verwehrt. Andauernd poltern Steine von den oberen Terrassen herab, die unten Stehenden sind in ständiger Lebensgefahr. Das Lazarett ist voll von Verunglückten, die an Stirn, Hand oder Rücken getroffen sind. ... Die Arbeit ist reine Sklavenarbeit, die Schutzvorrichtungen sind einfach skandalös. Ich erinnere mich jetzt, dass im Hauptlager in Rustawi die Transporte aus Chiatura immer besonders aufgefallen waren durch ihre übermäßige Erschöpfung, ihre bis zur Unkenntlichkeit abgemagerten Körper ... Hattet ihr viele Tote? Die meisten haben sie vorher weggeschickt, trotzdem starben noch hier in dem kleinen Lager 95 Mann ...

Soweit die Aufzeichnungen von Wend Graf von Kalnein. Unsere Baustelle befand sich gleich gegenüber des Lagers. Wir wurden nur über die Straße geführt und ein paar Meter weiter auf eine Brücke über den Fluss. Dann waren wir schon dort. Unser Lager zählte höchstens 500 Männer. Es musste der halbe Berg weggesprengt werden, damit die Terrassen schön herausgearbeitet werden konnten. Das Manganerz sollte ja direkt aus dem Gebirge herausgefahren werden können. Wir waren nicht herunten auf der Ebene, sondern vielleicht 20 Meter über dem Erdboden. Wie soll ich das beschreiben? So eine Manganwäscherei schaut aus wie ein Hochhaus. Aus dem Bergwerk fahren die mit rohem Mangan beladenen Loren in den obersten Stock der Wäscherei. Die Loren werden gekippt, das Erz über ein ausgeklügeltes System gewaschen. Unten angekommen, fällt das Mangan in einen Güterwaggon. Wir mussten es mit dem Berg dort aufnehmen. Es begann ganz primitiv, mit Pickel und Schaufel. Die ganze Flanke des Berges musste zuerst einmal abgeholzt werden. Das war eine Knochenarbeit. Sie wurde uns in diesen Herbsttagen ein ganz klein wenig „versüßt“. Es wuchsen an diesem Hang Brombeeren über Brombeeren.

Da sich in die Kochtöpfe des Arbeitslagers kein Fleisch verirrte, waren uns auch Weinbergschnecken willkommen. Wir sammelten sie. Einmal bekam ich so ein Exemplar zum Essen. Das schmeckte etwa so wie daheim ein Brocken Fleisch im Gulasch, aber ein sehr zartes wie vom Kalb stammendes Stückchen. Nachdem wir den Berg freigemacht hatten, schleppten die Russen eine große Maschine an. Das Lagerpersonal und Leute von der Baustelle lie-

fen zusammen, um sie zu bewundern. Es war ein Kompressor. Er wurde mit einem Dieselmotor betrieben. Dort befanden sich Anschlüsse für Schläuche, die zu Schlaghämmern führten. An diesen Bohrhämmern wurden wir angesetzt, um dem Berg vollends Herr zu werden. Wir trieben ein Bohrloch nach dem anderen in den Berg. Ein Sprengmeister füllte sie mit Ammonal und am Abend flog dann unsere Tagesleistung mit Krach den Berg hinunter.

Jeden Tag ging es raus an die Arbeit, die ersten Monate sogar an Sonntagen. Da gab es keinen Rasttag. In der Frühe hämmerte der Wachposten an die große Eisenschiene am Lagertor, das Signal für uns zum Aufstehen. Auch ich rappelte mich hoch. Waschen war in der Regel nicht drin. Ich suchte meine Siebensachen zusammen und deponierte sie am Kopfende des Schlafplatzes. Nur das Notwendigste, Löffel und Kochgeschirr, wurde mit zur Arbeit genommen. Als Frühstück bekamen wir eine Art Suppe ins Kochgeschirr gekippt. Kaum ausgelöffelt, schepperte es schon wieder, diesmal zum Antreten. Dann ging die Zählerei los, die immer große Schwierigkeiten machte. Erst wenn alles auf dem Holzbrettchen des Wachhabenden stimmte, ging das Lagertor auf – und Arbeitsbrigade um Arbeitsbrigade zog mit ihrer Wachmannschaft hinaus. Die Leute, die uns unmittelbar bei der Arbeit beaufsichtigten, waren Zivilisten. Sie waren unbewaffnet. Die Gewehre trugen die militärischen Posten, die die Arbeitsstelle an ihren Außenrändern bewachten, eine gewiss langweilige Tätigkeit. Aber diese Soldaten waren meist recht vernünftig, soweit wir ihnen keine Schwierigkeiten machten. Mit den zivilen Vorarbeitern war es schon schwieriger, weil die uns ständig in der Arbeit halten mussten. Sie beaufsichtigten uns auch fachlich. Erst wenn man länger miteinander gearbeitet hatte, beruhigte sich die Atmosphäre. Sie hatten eigene Interessen, die sie auf der Baustelle wahrnehmen wollten, denn hier konnte man immer irgendetwas beiseite schaffen.

Es überdauerte Krieg und Gefangenschaft: Mein gutes Kochgeschirr aus den Beständen der ungarischen Armee. Das Futteral für das Messer nähte ich mir selber. Das Messer kostete mich eine Brotration.

Anfangs steckte ich noch in einer relativ guten Kleidung, in meiner Uniform vom Krieg her. Auf die schaute ich mir, so gut es ging. So ist mir mein Hemd, oftmals durchgeschwitzt, mit kaltem Wasser notdürftig gewaschen, im Sommer 1946 wirklich buchstäblich am Körper verfault. Es hat immer größere Löcher bekommen. Wir erhielten auch Unterwäsche. Das waren die bekannten Unterhosen aus den russischen Armeebeständen. Unter den Knien wurden sie zugebunden. Die dazugehörigen Hemden waren meistens sehr kurz, weil die Besitzer vor uns schon ein Stück

„Kriegsgefangenenlager 7518/4, Chiatura, Brücke 2"

1 Stacheldrahtzaun und Wachtürme
2 Brücke zwischen Lager und Lagerbaustelle
3 Straße Chiatura – Sachkhere
4 Nicht zum Lager gehörendes „Zivilistenhaus"
5 Magazin, Krankenstube, Lagerhandwerker, Küchenpersonal, Lagerverwaltung, Küche, Brotschalter
6 Unterkunftsbaracke für Gefangene
7 Unterkünfte für Wachposten, Wachoffiziersfamilien, Magazinerfamilie
8 „Clubbaracke" (hier wurden politische Reden gehalten)
9 Latrinen

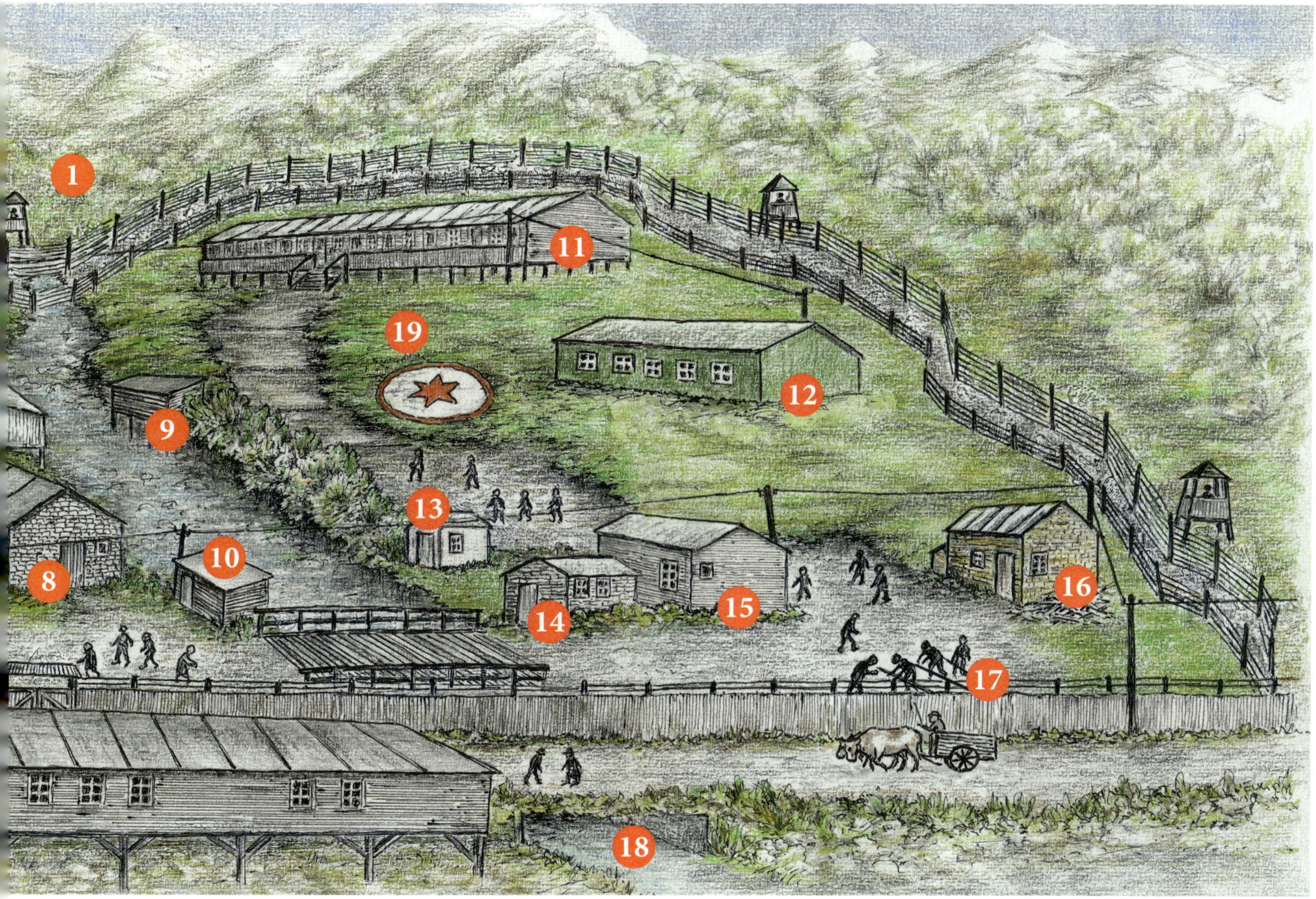

10 Latrinen
11 Unterkunftsbaracke für Gefangene
12 Unterkunftsbaracke für Gefangene
13 Häuschen des Politoffiziers
14 „Frisörstube“
15 Badehaus (Entlausung, Dusche)
16 Wäscherei
17 Wasserstelle (Trinkwasser, Waschstelle unter freiem Himmel)
18 Straßendurchlass für Lagerbach
19 Sowjetstern aus angemalten Steinen

Foto: Paul Haupt (Jahrgang 1923) aus Cappeln war mit mir im Kriegsgefangenenlager in Chiatura. Aus dem Gedächtnis heraus machte er in späteren Jahren von unserem Lager eine Rekonstruktionszeichnung. Das Bild zeigt meinen Kameraden während eines Besuches im Kaukasus.

abgeschnitten hatten. Stoff war, wie alles andere, Mangelware. Ich hatte noch eine Steppjacke. Nicht eine russische, sondern eine primitive deutsche Steppjacke aus der Endzeit des Krieges. Sie zog ich zur Arbeit an, in der Nacht war sie meine Decke. Als größte Misere erwiesen sich die Schuhe. Unsere „Knobelbecher“ aus der Wehrmacht hatten längst russische Soldaten requiriert. Wer mit guten Schuhen in die Gefangenschaft geraten war, hatte sie umgehend los. Was nicht niet- und nagelfest war, konnten die Sieger gebrauchen. So kassierten sie auch unsere Koppel, den Leibgurt. Nur mit primitiven Bändern hielten wir unsere Hosen hoch. Regenbekleidung gab es nicht. Unsere Fußbekleidung im Lager waren Holzpantinen. Anstelle von Leder war Stoff auf das Holz genagelt, der schnell ausriss. Über Nacht gaben wir die defekten Schuhe in die lagereigene Schusterei in der Hoffnung, dass wir sie am nächsten Tag wieder zurückbekommen. Die ganze Gefangenschaft über lief ich auf hölzernen Sohlen.

Die Natur meinte es gut mit uns. Wir waren nicht in Sibirien, sondern im Süden des Kaukasus, in einer Gegend, in der Wein wuchs. Im Winter war es auch nicht so kalt wie anderswo. Ich dachte mir damals, das müsse so ungefähr das Klima sein, wie es in Italiens Mitte herrscht. So warm wie in Italien war es aber auch wieder nicht. Wir waren ja im Gebirge oben und hatten deswegen mehr Niederschläge. An richtigen Schnee, der liegen geblieben wäre, erinnere ich mich nicht.

Unser kleines Außenlager stand wohl am Ende der Verwaltungskette. Was auf dem Papier uns zugestanden hätte, kam schon dezimiert bei uns an. Auf dem Weg zu uns wurde möglichst viel davon „abgestaubt“. So erwies sich unser Lager als ein Glücksfall für die ganze Umgebung. Ein jeder hatte seinen Anteil. Alle profitierten davon. Aber unser Koch musste halt aus dem etwas machen, was bei uns noch angekommen war. Und das war immer zu wenig. Ich freute mich sehr, wenn es Weizengraupen gab. Dann war die Suppe ein wenig dicker.

Einen Sommer – ich glaube, es war 1947 – gab es wochenlang kein Salz. Das war grausam. Da schmeckte die schönste Graupensuppe nicht mehr. Die salzlose Zeit machte dem ganzen Körper zu schaffen. Der Speiseplan des Lagers sah so aus: In der Frühe die Morgensuppe, eine ausgesprochen dünne Angelegenheit; am Mittag wurde in Kesseln aus Holz die Suppe von ähnlicher Qualität am Arbeitsplatz ausgeteilt. Bei dieser Gelegenheit hatten wir ungefähr eine halbe Stunde Ruhe, in der wir uns etwas erholen sollten. Die eigentliche Tagesverpflegung folgte am Abend. Da gab es wieder einen Schöpfer Suppe und für jene Brigaden, die gut gearbeitet hatten, einen zweiten, kleineren Schöpfer mit „Kascha“, zum Beispiel Buchweizengrütze. Das Dicke, das eigentlich in der Suppe hätte sein sollen. Und das Wichtigste: das Brot, freilich von minderer Qualität – und nach Arbeitsleistung!

Am Abend, nach dem Einrücken von der Baustelle, war auch die Brotausgabe vorgesehen. Das wichtigste Ereignis des ganzen Tages. Brot, das bedeutete Leben. Überleben! Zwei Kameraden des Vertrauens zogen mit einer Decke zum „Magazin“ und empfingen für die ganze Arbeitsbrigade genauestens nach Anzahl der Männer und Arbeitsleistung das begehrte Lebensmittel. Nun musste es noch in Einzelportionen gestückelt und den hungrig wartenden Männern ausgeteilt werden. Das waren kritische Momente, die Genauigkeit und daraus resultierende Gerechtigkeit forderten. Da ging es um das Kantenstück, weil es etwas weniger mit Feuchtigkeit belastet war als ein Mittelstück. Da ging es um die Kleinreste, die durch die Aufteilung der Kastenbrote abgebröselt waren. Und es ging oft nicht ohne Streit, denn dieses Brot, so minder wir es

heute auch qualifizieren würden, war die einzige feste Nahrung des ganzen mühseligen Alltags. Dieses unser „tägliches Brot“ war die Hoffnung auf ein Morgen.

Das Neue Testament gab mir in der Gefangenschaft das Gefühl der Freiheit. Es war wie ein Tor in eine andere, mir bekannte helle Welt. Ich musste nur aufpassen, dass mir das Büchlein bei einer der vielen Filzungen nicht weggenommen wurde. Gefährlich wurde es stets vor den großen Festtagen des Staates, den 1.-Mai-Feiertagen und den Feiertagen der Oktoberrevolution, die Anfangs November gefeiert wurden. Da wurde alles genau durchsucht. Nach Messern zum Beispiel. Ich weiß nicht, was ich alles anstellte, aber ich brachte das Neue Testament immer wieder durch. Einmal hatte es bereits ein russischer Soldat in den Händen. Ich erklärte ihm, was er da in Händen hielt. Dann gab er es mir nach langem Zögern zurück. Ein andermal versteckte ich die Heilige Schrift in einer Trockenmauer zwischen ein paar Steinen. Sie lag einige Tage draußen im Freien. Oder ich ließ die für mich so wertvolle Schrift im Schuh verschwinden. Dann stand ich ganz wörtlich auf meiner Bibel. Ich entwickelte meine Methoden bis hin zur Unverfrorenheit. Die materiell wertvollen Sachen, zum Beispiel meine Uhr, hatten russische Soldaten längst kassiert. Die wenigen Dinge, die ich noch besaß, gehörten allmählich zu mir selbst, so auch meine Erkennungsmarke und mein Soldbuch.

Selten nur kam ich dazu, im Neuen Testament zu lesen. Ich war meist so erschöpft von der schweren Arbeit, dass ich versuchte, jede Stunde, in der es nichts zu tun gab, zu ruhen. Zurückschauend möchte ich sagen, ich rettete mich durch die Gefangenschaft, indem ich viel schlief und damit Kalorien sparte. Am schlimmsten ging es unseren älteren Kameraden. Sie überlebten die Umstellung in die Lagerwirklichkeit mit all dem Mangel nur sehr schwer.

Das Neue Testament, eine Taschenbuch-Ausgabe, schmuggelte ich ins Kriegsgefangenenlager – und auch wieder heraus. Die Heilige Schrift gab mir dort das Gefühl der Freiheit. Es war wie ein Tor in eine andere, mir bekannte helle Welt. Zu Füßen der Kaukasusberge strich ich mir jene Stelle mit Bleistift im Neuen Testament an, die mich mein ganzes Leben als Priester und Bischof begleitet: „Gott hat uns nicht einen Geist der Verzagtheit gegeben, sondern den Geist der Kraft, der Liebe und der Besonnenheit.“

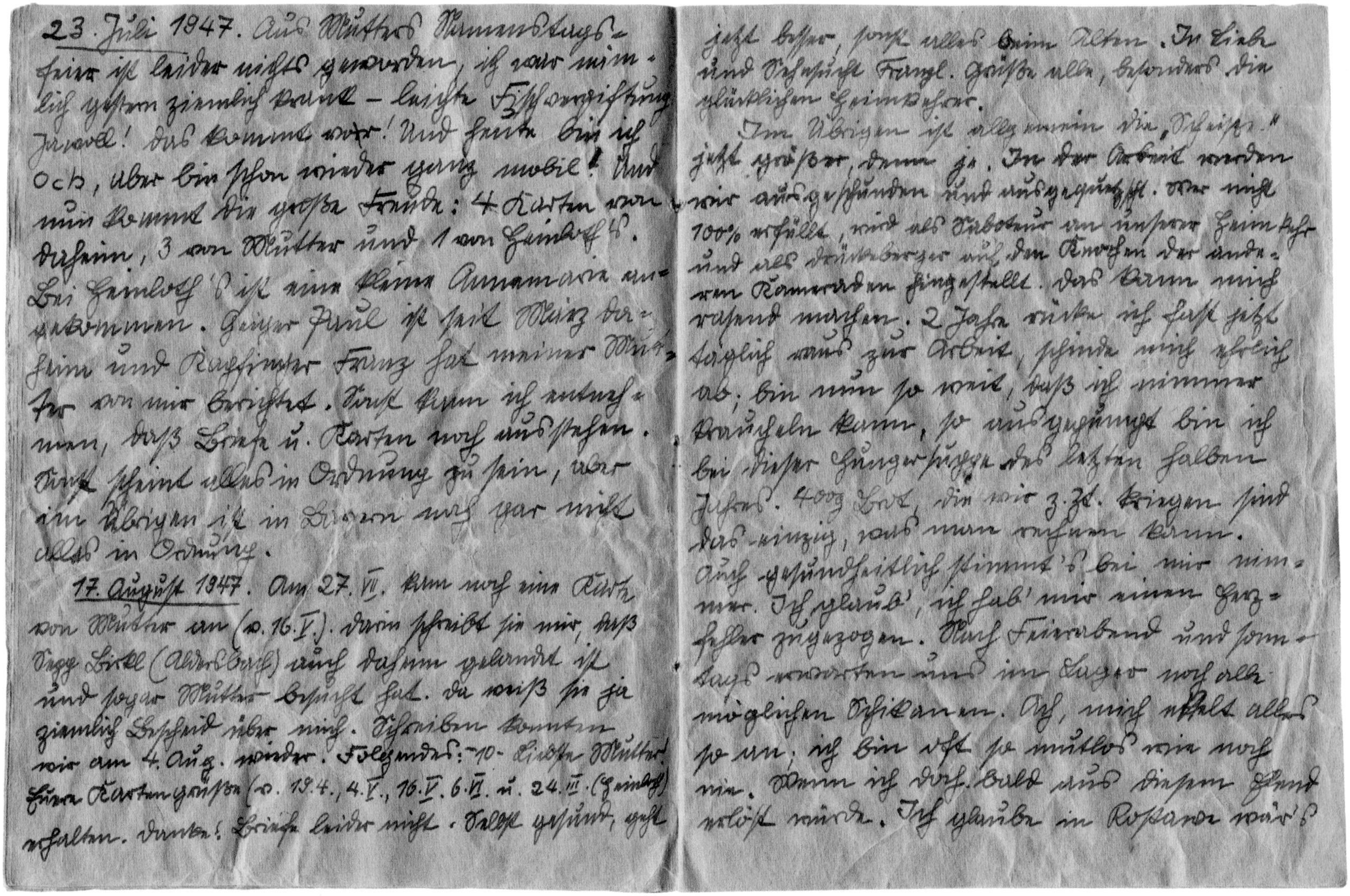

Das ist mein „Georgisches Tagebuch". Auf dem Papier von Zementsäcken machte ich mir während der Kriegsgefangenschaft Notizen, schrieb mir meinen Kummer von der Seele. – ***Eintrag vom 17. August 1947 (Auszug):*** *Im übrigen ist allgemein die „Scheiße" jetzt größer denn je. In der Arbeit werden wir ausgeschunden und ausgequetscht. Wer nicht 100 % erfüllt, wird als Saboteur an unserer Heimkehr und als Drückeberger auf den Knochen der Kameraden hingestellt. Das kann mich rasend machen. 2 Jahre rücke ich fast jetzt täglich raus zur Arbeit, schinde mich ehrlich ab; bin nun soweit, dass ich nimmer mehr kraucheln kann, so ausgepumpt bin ich bei dieser Hungersuppe des letzten halben Jahres. 400 g Brot, die wir z. Zt. kriegen, sind das einzige, was man rechnen kann. Auch gesundheitlich stimmt's bei mir nimmer. Ich glaub', ich hab' mir einen Herzfehler zugezogen. Nach Feierabend und sonntags erwarten uns im Lager noch alle möglichen Schikanen. Ach, mich ekelt alles so an; ich bin oft so mutlos wie noch nie. Wenn ich doch bald aus diesem Elend erlöst würde.*

Endlich gab es die Möglichkeit, mit der Heimat Kontakt aufzunehmen. Das war im Herbst 1946. Jeder Gefangene bekam eine Rotkreuz-Karte. Ein Ereignis im Lager! Sofort kamen die restriktiven Befehle. Es durften nur 25 Worte auf die Karte. Natürlich war es uns nicht erlaubt zu schreiben, wo wir uns aufhielten. Uns wurde angedroht, dass eine Karte vernichtet würde, wenn irgendetwas draufstünde, was nicht hätte draufstehen dürfen. Jetzt stellte sich die Frage: Wer hat eine Feder? Wer hat Tinte? Natürlich niemand. Die fehlende Tinte war das kleinere Problem. Irgendwer besaß noch einen Stummel eines Tintenbleistiftes. Wir machten ein bisschen Staub von der Mine und versetzten ihn mit Wasser. Schon war die Tinte fertig. Jetzt mussten wir noch eine Feder auftreiben, vergeblich! Es blieb nur die Lösung, mit einem angespitzten Steckerl die erste Karte heimzuschreiben. 25 Worte! Mehr hätte auch nicht Platz gehabt, denn mit dem Holzsteckerl war es unmöglich, klein zu schreiben. Das also war die erste Karte. Wir bekamen ungefähr vierteljährlich eine Karte zum Schreiben. Damit war eine Antwortkarte verbunden, mit der die Angehörigen zurückschreiben konnten. Meine Mutter und meine Schwester ließen sich nicht irritieren vom Datum, dass nämlich genau am Allerseelentag meine erste Post bei ihnen eintraf.

Später kaufte ich mir einen kleinen Federhalter mit Feder. Dafür hatte ich teuer zu zahlen. Brot war die gängige Währung. Das Schreibgerät kostete mich eine ganze Tagesration. Papier war reichlich zu haben. Sowohl die Zementsäcke wie jene für Sprengstoff waren aus mehrschichtigem Papier gefertigt. Und Papier ist bekanntlich geduldig. Mit der Zeit entstanden so zwei Hefte, in denen ich gar manches Vertrauliche niederschrieb. Nicht nur wir Gefangenen, sondern vor allem auch unsere Lagerverwaltung und die Bevölkerung nutzten den Papiervorrat, der in den leeren Säcken steckte. Man musste diese Blätter nur ein bisschen ausbügeln.

Die gängige Währung im Lager war Brot. Dafür kaufte ich mir einen kleinen Federhalter. Zuvor schrieb ich mit einem angespitzten Holzsteckerl.

Zeitweise führte ich Tagebuch. Das war ein Spiel mit dem Feuer. Wieder daheim, fragte ich mich, wie ich so leichtsinnig hatte sein können. Wären die Aufzeichnungen in falsche Hände geraten, hätte das wahrscheinlich fatale Folgen gehabt – wohl noch weitere Jahre im Kaukasus. Aber ich musste mir meinen Frust von der Seele schreiben. Da tat ich mir selbst auch etwas Gutes. Diese Aufzeichnungen waren mir sehr wichtig, sonst hätte ich sie nicht unter großen Risiken herausgeschmuggelt. Und nochmal: Ich frage mich auch heute noch, warum ich so frivol war. Offenkundig bedeutete es mir damals sehr viel, dass mein Neues Testament mit mir war und dass meine Notizen durchkamen. Noch etwas war mir sehr wichtig: mein gutes Kochgeschirr aus der ungarischen Armee, sauberes Aluminium, das ich gut reinigen konnte. Mit diesem Kochgeschirr schmuggelte ich auch meine persönlichsten Habseligkeiten heraus.

Der Alltagstrott lastete mich weithin aus. Und belastete das Gemüt! Je länger ich in dieser Maschinerie festsaß, desto mehr zählte nur mehr der einzelne Tag. Es galt aufzustehen, sein Essen zu haben, recht und schlecht seine Arbeit einzubringen und wieder heimzufinden auf die Schlafpritsche. In der ersten Zeit lagen wir auf blanken Brettern. 1946 bekamen wir etwas wie Strohsäcke, gefüllt mit Sägespänen. Da bildete sich auf der Schlafpritsche allmählich eine Kuhle, in die ich genau hineinpasste. Als ich noch auf Brettern lag, bekam ich auf der rechten Seite, auf der ich gewöhnlich schlief, Ansätze für ein Geschwür. Meine Decke war die Steppjacke aus Wehrmachtsbeständen. Im Ärmelloch versuchte ich, die Füße unterzubringen und mit der anderen Hälfte versuchte ich, die linke Schulter zu bedecken. Im ersten Jahr starben vor allem ältere Kameraden mit 30, 35, 40 Jahren. Wenn der Aufseher weg war, war auch unser Arbeitswille wie gelähmt. Wir achteten nur darauf, ob er zurückkäme. Der Tod im Lager war 1945/46 ständiger Gast. Einen Toten gut unter die Erde zu bringen, war ein Problem, das den als arbeitsunfähig erklärten Kameraden oblag. Aber die waren so geschwächt, dass sie sich damit nicht mehr viel Arbeit machen konnten. Der „Friedhof“ war ein Stückchen verwahrloste Wiese zwischen Fluss und Straße unweit des Lagers. Ein richtiges Grab zu schaufeln war zwischen Flusskieseln und felsigem Boden äußerst schwierig und es fand nie die gemäße Tiefe.

Für unsere Arbeit wurden wir von den Russen „entlohnt“. Das waren aber nur Cent-Beträge. Einen Fünf-Rubel-Schein hob ich mir auf.

Wie wir im Lager behandelt wurden? Wir spürten kaum etwas von individueller Feindschaft. Druck richtete sich immer gegen uns alle. Das half uns, zusammenzuhalten. Es gab auch Kameraden, die eine Sonderstellung einnahmen, angefangen vom deutschen Lagerführer, der keine Sympathie genoss, bis hin zu Koch, Schuster und Schneider, die unsere wichtigsten Helfer waren, wenn es um alltägliche Nöte bei Schuhen und Kleidung ging. Mit ihnen wollte es sich keiner verderben.

Kontakt mit der georgischen Bevölkerung war kaum möglich. Wenn uns Leute auf der Straße begegneten, schauten sie uns halt an. Einmal, so kann ich mich erinnern, ging eine alte Frau an uns vorbei, schlug das Kreuz und brach in lautes Geschrei aus. Ich weiß nicht, ob aus Erbarmen mit uns oder ob sie uns verfluchte. Im Lager, aber auch beim Arbeitseinsatz waren „Spezialisten“ gefragt: Maurer, Zimmerleute, Schreiner, Spengler, Schmiede und ähnliche Berufe. Clevere Kameraden wussten die Stunde zu nutzen und erklärten sich als Fachkundige. Ich war ein Schüler. Zu nichts zu gebrauchen? Ganz und gar nicht, sondern immer, wenn jemand ran musste. Ich habe damals viel praktiziert: Tiefbau und Steine schleppen, Kalk brennen und Kalk löschen, Mörtel rühren und Mörtel tragen, Straßen pflastern und Dach decken. Alles unter einfachsten und unzureichenden Voraussetzungen. Die Fun-

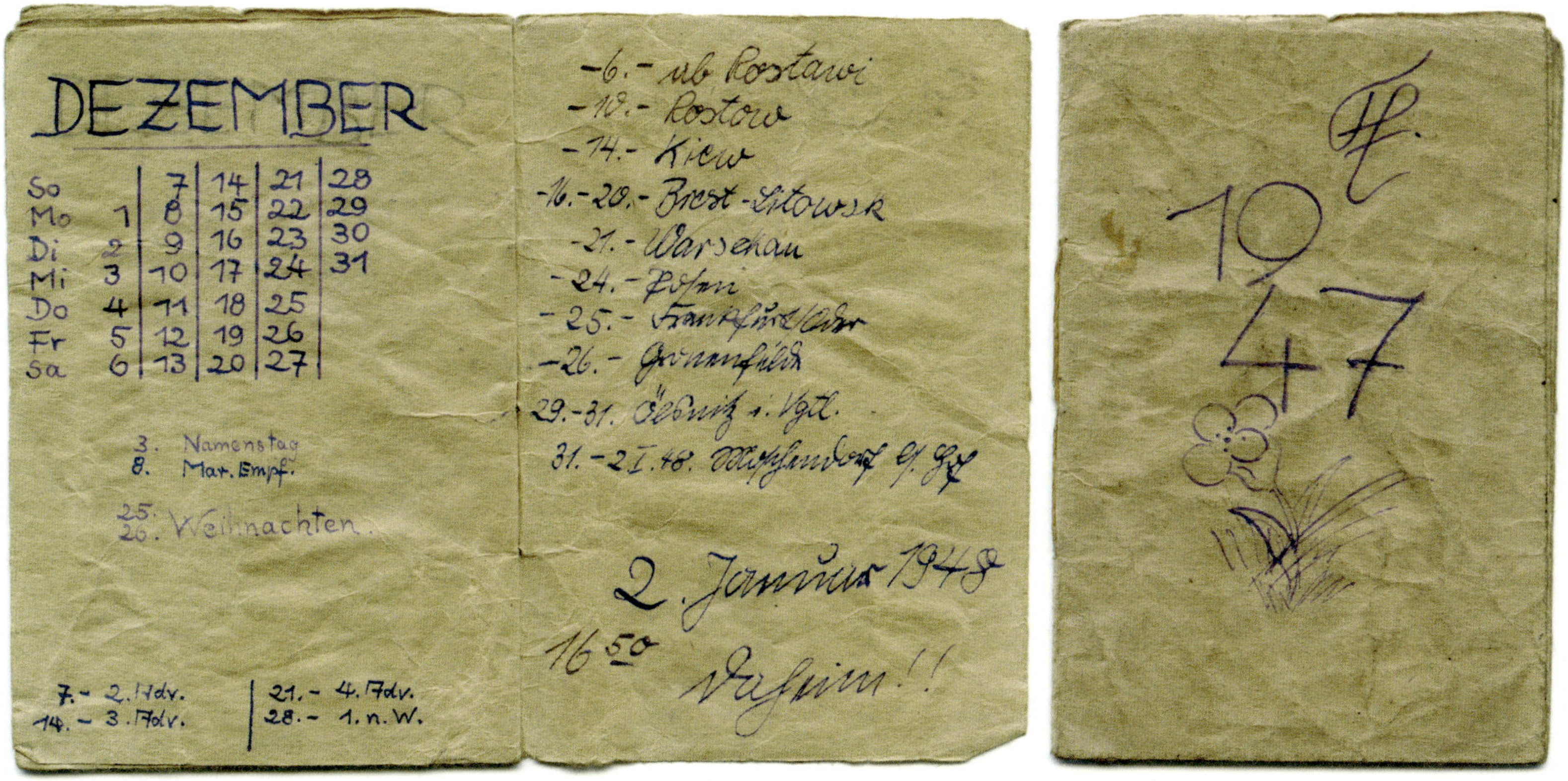

Damit im Kriegsgefangenenlager mein Gefühl für Raum und Zeit nicht verloren ging, bastelte ich mir einen Jahreskalender. Als ich entlassen wurde, schrieb ich mir auf die letzte Seite die Stationen in Richtung Niederbayern auf. Der erfreulichste Eintrag: „2. Januar 1948, 16.50, daheim!!"

damentarbeiten und der Aufbau einer Manganwäscherei boten alle Möglichkeiten, immer recht mühsam und oft auch gefährlich, mit erdnaher Wirklichkeit vertraut zu werden. Am gefährlichsten, aber auch mühsamsten war die Arbeit mit und in den Steinen nach großen Sprengungen. „Spezialisten" waren auch außerhalb des Lagers gefragt, waren gesucht und gebraucht bei der Bevölkerung. Ihre Arbeit brachte ihnen etwas ein. Sie waren alle wieder da, wenn es zurück ins Lager ging. Die Zahlen mussten ja stimmen.

Einmal stimmten sie nicht und ließen sich auch partout nicht stimmig machen. Es war in den ersten Monaten. Zwei Gefangene hatten einen Ausbruch gewagt. Ein drahtiger junger Leutnant und

der Lagerkoch. Er als Soldat ein alter Hase, Hauptfeldwebel der Einheit, der ich in Schlesien zugehörte. Und ich selber hatte mit diesem Ausbruch zu tun. In einem vertraulichen Gespräch hatten mir die beiden ihre Absicht eröffnet, denn sie baten um Einblick in mein kleines Neues Testament. Aber nicht der Inhalt interessierte sie. Sie suchten im Anhang. Die ach so kleine Karte mit den Reisen des heiligen Paulus hatte es ihnen angetan, obwohl bei diesem übergroßen Maßstab sicher nichts für das geplante Unternehmen zu holen war. Sie baten mich darum und ich trennte das Blatt aus dem Büchlein. Mit dieser „Karte" gingen sie auf die Flucht.

Ein erstes Mal durfte ich das Lager verlassen, als ich als „arbeitsverwendungsunfähig" klassifiziert worden war. Ein georgischer Mitarbeiter des Lagers nahm einige Leute von uns zu einem Ausflug mit. Wir sind mit ihm nach Chiatura gehatscht. Er führte uns den Berg hinauf, damit wir die Gegend besser sähen. Das war ein sehr befreiender Ausblick. Wir kamen zu einem Bauern, den unser Bewacher offenbar kannte. Die beiden sprachen miteinander. Wir setzten uns. Da kam der gute Mann wieder zurück und brachte uns ein kleines Körbchen Feigen, frisch gepflückt vom Baum. Auch mir schenkte er eine, auf einem Feigenblatt serviert. Das vergesse ich nie. Ich wurde zum ersten Mal seit Langem wieder als Mensch behandelt. Ich hatte Sehnsucht, aber nicht Heimweh im kindlichen Sinn. Das hatte man uns lange vorher ausgetrieben. Die Sehnsucht hielt einen aufrecht. An Flucht dachte ich nie. Das machten schon die Schuhe unmöglich. Mit Holzpantinen wäre ich nicht weit gekommen. Die Flucht der beiden Kameraden schuf unterdessen große Aufregung. Wir wurden gezählt und gezählt und noch mal gezählt, bis sich herausstellte, dass zwei fehlten. Die Bewachung war in den folgenden Tagen sehr streng. Da wurde viel geschrien und geschimpft. Die Wachmannschaften wurden als Schuldige ausgemacht. Ihren Ärger ließen sie wieder an uns aus. Nach einigen Tagen, das dürfte keine Woche gewesen sein, wurden die beiden Ausbrecher zurückgebracht. Wir mussten alle antreten, links und rechts der Lagerstraße entlang. Dann wurden sie uns vorgeführt. Unsere Kameraden waren schon sehr zerprügelt. Als mein ehemaliger Hauptfeldwebel, der Koch, an mir vorbeiging, raunte er mir zu: „Probier's ja nicht, kommt nix dabei raus!" Mir war von vorneherein klar, dass ich nur heimkomme, wenn ich die Sache überstehe.

Niemand wollte zum Beerdigungs-Kommando gehören. Auch der zusätzlich versprochene Schlag bei der Essensverteilung machte diesen Dienst nicht erstrebenswert. Den Sanitätern im Revier war es ein Anliegen, dass die Verstorbenen nicht ihren Namen verlieren. Soweit ein Toter noch seine Erkennungsmarke hatte, wurde sie mit ihm ins Grab gelegt. Das war nur in wenigen Fällen so. Denn nach einem halben Jahr Kriegsgefangenschaft hatte so mancher seine Erkennungsmarke eingebüßt. Soweit die Sanitäter den Namen des Toten überhaupt wussten, schrieben sie ihn auf einen kleinen Zettel, steckten ihn in ein kleines Fläschchen, verschlossen es und sicherten den Inhalt vor Feuchtigkeit mit Wachs. Das Fläschchen wurde dem toten Kameraden dann an eine Zehe gebunden.

Nummern trugen wir keine. Ich war der Eder Franz/Franz. Im russischen System wurde nach dem Vornamen auch der Vorname des Vaters angehängt. Trotz der drei Namen blieb man unter den vielen namenlos. Man ging in der Masse unter. Innerhalb der eigenen Arbeitsbrigade aber herrschte gute Kameradschaft. Ein Mitgefangener stammte aus Passau. Nachbarschaft zu wissen war wichtig. Für mich gab es nie Zweifel, dass ich durchkomme und die Heimat wiedersehe. Ich fühlte mich von daheim her getragen. Aus der Distanz der Jahrzehnte sehe ich meine Gefangenschaft so: Ich

Ein großes Problem war, dass ich nach meiner Heimkehr aus Georgien in kein Gewand mehr passte – mit einer Ausnahme: Meine Lederhose, die ich mit 16 noch auf „Kleiderkarte" erworben hatte. Sie passte mir mit 22 noch wie angegossen. Den Sommer über kam ich kaum aus ihr heraus.

war deutscher Soldat. Nicht weil ich wollte, sondern weil ich musste. Deshalb habe ich Anteil am Geschick aller Deutschen. Andere hatten es viel schwerer als unsereiner. Ich wusste, wo meine Familie lebt, dass auf mich jemand wartet. Aber die Kameraden, die aus dem Sudetenland oder aus Schlesien stammten und allmählich mitbekamen, dass es für sie kein Zuhause mehr gab, waren bedrückt bis zu Schwermut und Verzweiflung. Ich hatte einen festen Punkt. Und der hieß Hoffnung.

Die Verwundung an meinem rechten Unterarm vom Frühjahr 1944 hatte mir während des Krieges noch Schlimmeres erspart. In der Gefangenschaft wurde sie mir schicksalswendend. Eines Tages schwoll mein rechter Arm zusehends an. Ich konnte nicht mehr zur Arbeit ausrücken. Stattdessen kam ich in die Sanitätsbaracke. Dort wurden mir Umschläge gemacht. Aber der Arm schwoll weiter an. Man befürchtete eine sich anbahnende Sepsis. Granatsplitter hatten sich wieder in Bewegung gesetzt. Die für notwendig erachtete Operation war in unserem kleinen Sanitätsrevier nicht möglich. Man musste mich ins Hauptlager nach Rustawi verfrachten. Die Reise führte in einem ganz gewöhnlichen Personenzug über Tiflis – mit einem unfreiwilligen Zwischenstopp. Ein Feldwebel, dem ich überantwortet war, führte mich dort in den hintersten Winkel einer Bahnunterführung und befahl mir: „Setz Dich hin und bleib da!" Er verschwand, ließ mich stundenlang in meinem Zustand hocken. So wie er gegangen war, kam er wieder. In Rustawi brachte er mich ins Kriegsgefangenen-Lazarett. Das wurde von kriegsgefangenen Ärzten geführt. Die Russen hatten natürlich die Oberaufsicht.

Das Hauptlager in Rustawi war mit seinem Lazarett bestens ausgestattet. Im Nebenlager ging es sehr viel einfacher, weithin primitiv zu. Die Gesundheitsfürsorge bestand vor allem darin,

dass wir, fast monatlich, auf unseren Zustand für die Arbeit inspiziert wurden. In einer Reihe angetreten, nur mit der Hose bekleidet, nahm meistens eine Ärztin unsere Parade ab. Wir hatten uns umzudrehen, die Hose herunterzulassen und am Zustand unseres Gesäßes entschied sich, ob wir in die Arbeitskategorie I, II oder III gehörten oder zu jener hoffnungslosen Gruppe, die mit O. K. bezeichnet wurde, ohne Kategorie.

Die Furcht vor ansteckenden Krankheiten war stets groß. So wurde auf regelmäßige Entlausung geachtet. Und natürlich auch auf unsere Totalschur, damit sich in unserer Behaarung keine Läuse einnisten konnten. Gegen das Fleckfieber wurde geimpft. Der Sanitäter kam mit seiner Spritze und impfte Mann für Mann mit der gleichen Spritze und der gleichen Nadel und ohne jede Desinfektionsmaßnahme. Die Impfung auf der Brust war sehr gefürchtet, weil recht schmerzhaft. Sicher aber notwendig. Im Lazarett des Hauptlagers bekam ich von der kleinen Operation an meinem Arm so gut wie nichts mit. Sie hatten sogar Äther, um mich ins Reich der Träume zu versetzen. Als ich aufwachte, war ich meine Granatsplitter los bis auf einen. Hoffnung auf baldige Heimkehr beflügelte mich. Auch nur zeitweilige Invaliden waren nicht gefragt. Anfangs wollte ich das nicht glauben. „Entlassen bist Du erst, wenn Du daheim bist!", sagte ich zu mir selber. Bei so einer zentralen Frage traute ich niemandem über den Weg.

Mein Weg führte aber tatsächlich in die Freiheit. Am 26. Dezember 1947, dem Tag des heiligen Stephanus, kam ich im Auffanglager Frankfurt/Oder an. Voller Freude im Herzen über die baldige Freiheit sah ich auf der Fahrt quer durch die russisch besetzte Zone, was der Krieg alles angerichtet hatte. Mit dem Bahnhof Moschendorf war es dann endlich gewiss: Ich bin in Bayern, ich bin in der Heimat. Nun entlausten mich die Amerikaner, in-

Wieder vereint: Nach sorgenvollen Jahren während des Krieges und meiner Gefangenschaft am Fuße des Kaukasus konnten meine Mutter, meine Schwester Adelgunde und ich im August 1948 wieder lachen.

dem sie mir einfach Pulver in den Nacken schütteten. Die Eisenbahn brachte mich über Hof, Regensburg und Landshut nach Neumarkt-St. Veit. Hier stieg ich um ins mir vertraute Rottaler Bockerl. Als heimkehrendem Kriegsgefangenen, ausgestattet mit einer frischgeschorenen Glatze, Pelzmütze und Holzpantinen, wurden mir von Mitreisenden Löcher in den Bauch gefragt. Eine Frau bekam mit, dass ich aus Pfarrkirchen bin und mein Großvater eine Seilerei betrieben hatte. Diese Frau stieg in Massing aus, suchte die entsprechende Telefonnummer und rief in der Seilerei Eder an, dass ich unterwegs nach Hause sei. Meine Tante dort alarmierte gleich meine Mutter. Die eilte mit dem Fahrrad sofort zum Bahnhof. Als ich dann in Pfarrkirchen ankam, war es schon Nacht.

Ich wollte nicht über den Bahnsteig gehen, wo stets sehr viele Leute herumstanden. Und die scheute ich noch. Ich nahm den mir bekannten nächsten Weg über die Geleise. So verpasste mich meine Mutter am Bahnhof. Als ich unsere Wohnung betrat, traf ich nur die ungarische Familie, die bei uns einquartiert war. Aber dann kam meine Schwester, die Adelgunde. Wir fielen uns um den Hals und es dauerte auch nicht lange, bis ich meine Mutter in die Arme schließen konnte. Enttäuscht war sie vom Bahnhof heimgekehrt, umso größer war nun ihre Überraschung. Den Tag, an dem ich nach der Kriegsgefangenschaft zum ersten Mal wieder mein Elternhaus in Pfarrkirchen betrat, sehe ich als 2. Geburtstag. Das war der 2. Januar 1948. Dieses Datum wiegt für mich noch mehr als der 26. Dezember 1947, der Tag, an dem ich den Russen entkam.

Mit 17 musste ich in den Krieg, mit 22 kam ich aus der Kriegsgefangenschaft heim. Ich fühlte mich nicht als alter Mann, aber fremd. Mir fehlte etwas. Mir fehlten Jahre. Ich war immer noch Gymnasiast, Schüler – mit 22 Jahren. Zwar wusste ich nun, dass ich Priester werden wollte. Aber mir war nicht klar, wie es konkret weitergehen sollte. Nach meiner Ankunft stellte ich mich auf die Waage. Ich wog 50,5 Kilogramm. Am 30. August des gleichen Jahres aber lag mein Gewicht bei 80 Kilogramm. Es war wie eine Krankheit, dass man nach langer Mangelernährung anfangs furchtbar viel Wasser zusetzte. Das normalisierte sich erst mit der Zeit. Ein großes Problem war, dass ich in kein Gewand mehr passte. Gott sei Dank vermachte mir meine Tante, deren Mann gefallen war, einen Anzug. Der wurde nach meinen Maßen gerichtet. Ab dem Frühjahr hatte ich ja meine Lederhose, die ich mit 16 noch auf „Kleiderkarte“ erworben hatte. Die passte. Den Sommer über kam ich kaum aus ihr heraus, auch nicht am Sonntag.

In der Gefangenschaft war viel zu erleiden. Einen persönlichen Hass entwickelte ich jedoch nicht. Wohl aber stand ich mit dem sowjetischen System auf unversöhnlichem Kriegsfuß. Mein Kochgeschirr, das ich durch Krieg und Gefangenschaft mit nach Hause brachte, zeigt noch heute Beulen und Schrammen. Solche hatte ich wohl auch selbst, aber ich bin dem lieben Gott dankbar, dass ich die seelischen Dellen aus jener Zeit gut überwinden konnte. Hatte der Bub schon Soldat werden müssen, denke ich aber, ein Mannsbild ist heimgekommen.

PRIESTER UND BISCHOF

„BEREITET DEM HERRN DEN WEG!
EBNET IHM DIE STRASSEN!“
VON DIESEM AUFTRAG LIESS ICH MICH
NICHT ABBRINGEN, AUCH WENN
DIE GESELLSCHAFTLICHE LANDSCHAFT
OFT HÜGELIG WAR.

Schnell holte mich nach Krieg und Gefangenschaft der Alltag ein. Auf einmal war ich wieder Schüler. Bewusst wurde mir das an den Schul-Statuten, denen ich unterstand, so zum Beispiel: Auf dem Weg in die Schule, in der Schule und auf dem Weg von der Schule darf nicht geraucht werden! Mir als Nichtraucher machte das nichts aus. Aber komisch war es schon. Zuerst ist man als 17-Jähriger alt genug, um im Krieg für das „Vaterland" den Kopf hinzuhalten – ganz zu schweigen von den Torturen der Gefangenschaft –, und dann darf man mit 22 Jahren auf der Straße keine Zigarette rauchen.

Das mit dem Rauchen war für mich als Nichtraucher keine Schwierigkeit. Aber es war symptomatisch dafür, wie junge Spätheimkehrer empfangen wurden. Jene, die gleich nach dem Krieg heimgekommen waren, hatten es viel leichter. Jetzt aber hatte alles schon wieder seine Ordnung ... Wir tröpfelten einzeln heim und kannten uns nicht, als wir vielleicht in Ingolstadt oder wie ich in Rosenheim vor den Toren eines Gymnasiums standen, das in einem Sonderkurs Spätheimkehrer zum Abitur führen sollte. Allmählich ging es ja schon wieder aufwärts. Die Währungsreform fiel in diese Zeit. Mit 24 Teilnehmern begannen wir das halbe Jahr, mit 18 Abiturienten beendeten wir den Kurs. Es wurde uns nichts geschenkt.

Als ich anschließend in Passau mein Studium aufnahm, faszinierten mich die Vorlesungen von Prof. Franz Xaver Eggersdorfer. Da ging mir zum ersten Mal ein Licht auf, wie Philosophie zu verstehen ist. Mit seinen Gedanken schlüsselte er mir die Fragen der Zeit und der Menschen auf. Damit schaffte er auch Bewusstsein in mir selber. Das war der Eggersdorfer! Am schwierigsten war später die Moraltheologie. Der Professor verlangte viel von uns, aber wir bissen uns schon durch. Da erinnere ich mich vor allem an zwei Semester in Wirtschaftsethik. Unsereiner, ein kleiner Provinzler, dem Einblicke in das komplizierte Wirtschaftsgeschehen fehlten, bekam auf einmal in den Blick, was er bisher nicht wahrgenommen hatte.

Immer näher kam ich jetzt meinem Ziel. Und das hieß seit Jahren: „Ich will Priester werden!" An ein klassisches Berufungserlebnis kann ich mich nicht erinnern. Intensiver wurde meine Beziehung zu Glaube und Kirche in meiner Ministrantenzeit, insbesondere in meinen Gymnasialjahren als Domministrant in München.

Schon Student, konnte ich mir nicht vorstellen, dass ich einmal predigen sollte. Ich schob die Frage immer vor mir her. Mein Heimatpfarrer, ein großzügiger Mensch und überzeugender Prediger, fragte mich: „Herr Kandidat, wie geht's Ihnen?" Ich offenbarte ihm, dass ich mir nicht vorstellen könne, mich hinzustellen und zu reden. Darauf sagte er zu mir: „Tun Sie sich nicht hinunter, lernen Sie Ihre Theologie g'scheit, dann wissen S' auch, was Sie predigen sollen." Das sagte er so überzeugend, dass das Ziel meine Unsicherheiten zurücktreten ließ. Wir hatten in Passau eine sehr gute Ausbildung in Theologie. Professoren wie Alois Winklhofer als Dogmatiker, Josef Blinzler im Neuen Testament, Rudolf Hofmann in Moraltheologie. Aber auch von der Geschichte her führten Linien hinein in unser Zeitgeschehen. Dafür zeichneten Anton Mayer-Pfannholz und Josef Oswald verantwortlich. Nicht zuletzt war es Alois Fischer, der für das Konkrete sorgte, wo es um den Menschen ging, um Führung und Formung junger Menschen. All das schlug auf uns zurück.

Selber sah ich mich nie als großen Theologen. Ich versuchte von meinem Gemüt und Herzen her die Wissenschaft zu verste-

hen. Ich spürte, wie verschieden Menschen ihre geistige Wirklichkeit sehen, begreifen, bejahen oder ablehnen. Ich versuchte mich hineinzuversetzen, warum andere Leute anders dachten. Und ließ das auch gelten. Angst hatte ich vor ideologischen Positionen. Ich hatte ja nur zu gut am eigenen Leib erfahren, was Ideologie einem Menschen antun kann. Ideologie macht den Menschen, sein Denken und sein Fühlen eng. Sie beschädigt sein Menschsein und das ist immer gegen die Frohe Botschaft Jesu.

Ein unser ganzes Bistum bewegendes Ereignis fiel in die Jahre meiner Studentenzeit: die Planung und Errichtung eines neuen Hochaltars im Dom, ein Werk des Domdekans Prof. Dr. Franz Xaver Eggersdorfer. Wir Seminaristen waren hoch interessiert, der Domdekan gab Einblick, der Widerstand in Bistum und Öffentlichkeit war nicht zu überhören. Trotz vieler Widersprüche konnte der Domdekan, gestützt von unserem Bischof Simon Konrad, das Werk vollenden. Unser Weihekurs stand gerade im Diakonatsjahr. Ich durfte als Subdiakon bei der Weihe mitwirken, denn der in der Diensteinteilung maßgebliche Kirchenpräfekt aus unserem Kurs hatte mich dazu erkoren. In allen Bereichen der Liturgie auf Ebenmaß bedacht, erschien ich ihm als die richtige Ergänzung zu ihm, als Diakon den Bischof zu flankieren. Wir beide maßen nämlich 1,77 Meter. Die anderen Diakone durften auf Bahren den reichen Schatz an Reliquien mittragen, die sich in den Jahrhunderten einer großen Geschichte im Passauer Stephansdom angesammelt hatten. Sie hatten in neuen, eigens dazu angefertigten Schreinen Platz gefunden.

Das Ereignis der Altarweihe füllte unsere Kathedrale mit Menschen bis hin vor die Sakristeitür. Bei der Prozession zum Altar schritten die Diakone mit den Schreinen auf den Schultern vor dem Bischof her. Als wir uns durch die Menge schoben und unsere

Kohlen für die warme Stube. Als Studenten schaufelten wir im Priesterseminar St. Stephan das Heizmaterial selber in den Keller; ich bin der zweite von links, rechts neben mir (mit der schwarzen Weste) Dompropst i. R. Prälat Hermann Herzig.

große Orgel eingesetzt hatte, war trotzdem eine laute Stimme aus der Menge nicht zu überhören: „Da ham s' 's Geld drin!" Das amüsierte uns. Aber es stimmte ja: Die Heiligen sind der größte Schatz der Kirche.

Was für junge Leute der Bund fürs Leben ist, den sie vor dem Traualtar schließen, war für mich der Bund mit Gott und seiner Kirche, meine Priesterweihe am 29. Juni 1954 durch Bischof Si-

Priesterweihe im Hohen Dom zu Passau. Am 29. Juni 1954 sprachen meine Mitbrüder und ich (vordere Reihe, links) unser „Ich bin bereit".

mon Konrad Landersdorfer. Was geht in einem vor, wenn man während der Allerheiligenlitanei auf dem Boden liegt und dann der Bischof einem die Hände auflegt in der Stille der großen Gemeinde und unter dem tiefen Ton der größten Glocke? Danach wird man auch später manchmal gefragt. Ich antwortete darauf: „Sehr Intensives geht in einem vor und es wirkt weiter und entfaltet sich in das Leben hinein."

Nach meiner Primiz in Pfarrkirchen bekam ich per „Einschreiben" und 5 DM Nachnahmegebühr meine Anweisung als Kooperator in Kastl und Burgkirchen. Von den Geschenken zu meiner Primiz konnte ich mir ein Motorrad leisten. Das würde ich ja auch brauchen als Kaplan für zwei Pfarreien. Meine Wahl fiel auf eine DKW 125. Der zuständige Vertragshändler war ein Nachbar in der Eggenfeldener Straße. Er richtete mir die Maschine startklar und

tankte sie voll. Ich schnallte den großen Koffer mit meinen wichtigsten Utensilien hinten drauf und fuhr als Jungfernfahrt mit dem Motorrad an meine Antrittsstelle nach Kastl. Ich zockelte hinüber über Eggenfelden und Mitterskirchen. Die Straße war damals noch nicht geteert. Den Reischacher Berg hinunter galt es vorsichtig zu nehmen, damit ich auf dem kiesigen Straßenbelag nicht wegrutschte. Über meinem Anzug trug ich eine Motorradhose und eine alte amerikanische Windjacke.

Ich fühlte mich wie „ein König", da ich als erster Kaplan in der Diözese Passau gleich für zwei Pfarreien zuständig war. Neben dem Pfarrer von Kastl hatte ich auch dem Pfarrer von Burgkirchen zur Verfügung zu stehen. In beiden Pfarreien unterrichtete ich Kinder in Religion und arbeitete in der Jugendseelsorge. Einen Sonntag traf mich in Burgkirchen der Sonntagsgottesdienst mit Predigt, den Sonntag darauf in Kastl. Damit das mit dem Hin und Her besser klappte, bewohnte ich zwei Zimmer, lag in zwei Betten, hatte zwei Zahnbürsten und zwei Rasierapparate. In Kastl aber war ich gleichsam daheim, weil das Pfarrhaus familiäre Atmosphäre atmete. Das tat mir gut. Der Pfarrer war ein sehr liebenswerter Mensch. An einem Samstagnachmittag, an dem ich noch ziemlich ergebnislos mit der Vorbereitung meiner Predigt herumdruckste, kam er in mein Zimmer und sagte: „Herr Kaplan, passen S' auf, morgen predige ich!"

Empfang in der Rottaler Heimat. Nach der Priesterweihe holten mich die Pfarrkirchener in einer Pferdekutsche ab. Neben mir saßen meine Mutter und Stadtpfarrer Josef Mitterbauer.

Damals, ein Jahrzehnt nach dem Kriegsende, fand in Kastl ein großes Totengedenken für die Gefallenen statt. Feuerwehr und Vereine waren wohlgeordnet angetreten. Die Pfarrgemeinde schloss sich locker an. Am Schluss, nach dem Vaterunser, spielte die Blaskapelle noch das Lied vom „Guten Kameraden" – und hinter unserem Rücken donnerten drei Salutschüsse. Darauf waren wir nicht vorbereitet. Wir hatten einen kleinen sensiblen Ministranten dabei, den riss es schon beim ersten Schuss so, dass wir fürchteten, er falle um. Beim zweiten und dritten Schuss war es nicht anders. Mir schräg gegenüber stand der Kirchenchor. Obwohl der Anlass ein ernster war, konnten wir uns das Lachen nicht verbeißen. Der schreckhafte Ministrant sorgte bei der todernsten Feierlichkeit für unfreiwillige Heiterkeit.

Um den Primizsegen zu erlangen, sollte man ein Paar Schuhe durchlaufen. An meinem Festtag in der Stadtpfarrkirche St. Simon und Judas Thaddäus hatte ich den Eindruck, als ob ganz Pfarrkirchen auf den Beinen wäre.

Schon nach vier Monaten, Ende November, waren meine „Flitterwochen“ als Kaplan zu Ende. Ich wurde als Präfekt ins Bischöfliche Studienseminar St. Valentin beordert. Es sollten sechs Jahre werden. Mit dankbarer Freude schaue ich auf diese Zeit zurück. Eingebunden in ein glückliches Gefüge von brüderlicher Kollegialität, umgeben von geschwisterlicher Sorge durch die Seminarschwestern und in einer menschlich-seelsorgerlichen Aufgabe an jungen Leuten hatte ich einen wunderbaren Platz gefunden. Sicher, junge Männer zwischen 14 und 18 Jahren sind nicht ohne ihre eigenen Probleme, aber sie sind auch in einer wunderbaren Weise offen und empfänglich. So ein Leben, mit ihnen und auch für sie, war eine Freude für mich. Die damals neu errichtete Seminarkirche bot Platz für die 160 Seminaristen und auch Blick auf das gottesdienstliche Geschehen. Es ließ sich ansprechend Gottesdienst feiern.

Der Theatersaal unter dieser Kirche ermöglichte, dass das Seminar St. Valentin auch nach außen in Erscheinung treten konnte. Sehr viel Freude, aber noch mehr Arbeit brachte mir dabei mein Dienst als „Theaterpräfekt“. Er bot die ideale Voraussetzung, die Fähigkeiten junger Menschen zu entdecken und zu fördern, und half auch, die jungen Männer zu sich selber zu führen. Dies alles aber konnte ich auch einbinden in mein persönliches Erleben. Wir verpflichteten uns in unserem Theater nicht der hohen klassischen Literatur. Unsere Stücke waren so konzipiert, dass sie im glaubhaften Spiel von jungen Menschen bewältigt werden konnten. Zusammen mit entsprechender Musik brachte dies dem Seminar St. Valentin Lob und Anerkennung und sehr viel Besuch ein.

Darüber hinaus aber war der Theatersaal entsprechend der Kapelle darüber die große gute Stube des ganzen Hauses. Feste und Fasching waren hier zu Hause. Mein Abschied von dort für ein

Meine erste Dienststelle als Kaplan war Kastl. Mit Motorrad und Koffer machte ich mich von Pfarrkirchen aus auf den Weg.

paar Jahre in die diözesane Verwaltung hinüber fiel mir, dem bereits 36-jährigen „pfarrerreifen" Priester, sehr schwer. Als Domvikar konnte ich nun auch einen eigenen Haushalt eröffnen und gewann meine Mutter und dann auch meine Schwester dafür, zu mir überzusiedeln. Wir waren wieder beisammen.

Inzwischen kündigten sich große kirchliche Ereignisse an. Papst Johannes XXIII. hatte die Fenster der Kirche weit aufgestoßen und ihr mit dem Heutig-Werden (Aggiornamento) das Ziel des Konzils aufgezeigt. Es schien, als ob der ganzen Weltkirche Flügel wachsen würden. Das war eine sehr beglückende Phase für

 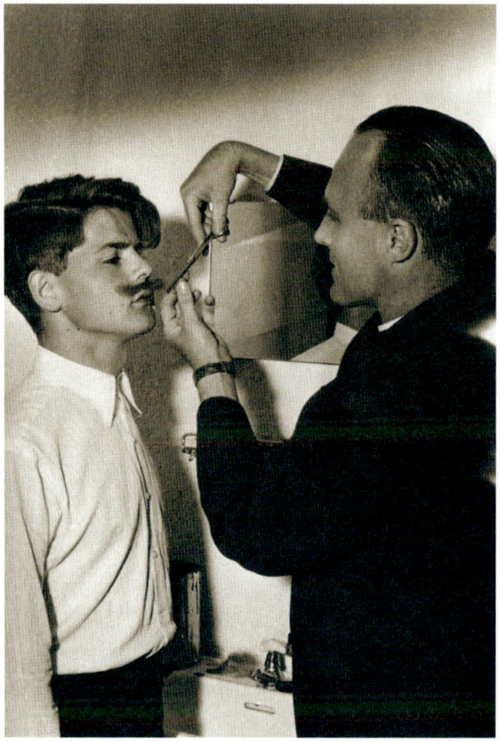 

Links: Als Präfekt im Bischöflichen Studienseminar St. Valentin unternahm ich mit jungen Leuten auch Wanderungen in den Bayerischen Wald. Mitte: Oft führte ich die Heranwachsenden auf die Bretter, „die die Welt bedeuten". Das brachte mir in Passau den Beinamen „Theaterpräfekt" ein. Rechts: Kurze Rast während einer Wanderung: Endlich mal raus aus dem festen Schuhwerk!

uns Priester. Bischof Simon Konrad war in die vorbereitende Kommission für die Liturgie berufen. Das Dekret „Sacrosanctum Concilium", das er mit vorbereitet hatte, wurde als Erstes im Konzil beschlossen. Mit unserem Bischof freuten wir uns und mühten uns um die Umsetzung des Dekrets in den gefeierten Gottesdiensten. Nun durften wir bei der heiligen Messe in der Muttersprache reden und brauchten den Gläubigen die heilige Kommunion nicht mehr wie kleinen Kindern in den Mund zu geben. Wir empfanden die Handkommunion als einen viel würdigeren Akt. Die „Neuerungen", die ja schrittweise kamen, versuchten wir möglichst umgehend einzuführen. Häufig mit Ungeduld und oft auch mit zu wenig Einfühlsamkeit. In „vorauseilendem Gehorsam" schossen wir gar manches Mal über das Ziel hinaus. Manches, was heute für die Einheit der Kirche um den einen Altar Sorgen bereitet, hat wohl hier seine Wurzel. Heute erscheint mir, als habe unser Eifer für die zeitgerechte liturgische Erneuerung weitere Konzilsbeschlüsse etwas aus unserer Verkündigung verdrängt. Angst habe ich nicht, dass die Kirche hinter das Konzil zurückfallen könnte. Das Rad der Geschichte dreht sich auch in der Kirche nach vorne. Das Konzil wird weiterwirken. Wenn auf diesem Weg, weil diese Straße voller Schlaglöcher ist, so ein Fahrzeug wie die Kirche dabei rumpelt, ist das wahrlich kein Grund auszusteigen und sich neben die Straße

zu stellen. Wichtig ist, dass wir Katholiken beieinander bleiben. Wir dürfen die Fenster, die Papst Johannes XXIII. aufgemacht hat, nicht zunageln.

Unser geschätzter Bischof Simon Konrad Landersdorfer, inzwischen über 80 Jahre alt, erreichte, dass ihm ein Koadjutor zur Seite gestellt wurde: Antonius Hofmann. Bei seiner Bischofsweihe 1964 durfte ich ihm als Zeremoniar dienen. Knapp vor dem Beginn der Feierlichkeit lieferte die Abtei Thyrnau noch die neue maßgeschneiderte Albe für den Weihekandidaten an. Vor den Reformen durch das Konzil war das Ankleiden des Bischofs noch eine liturgische Angelegenheit und geschah vor aller Augen an den Stufen des Altars. Ich überreichte dem Weihekandidaten das Schultertuch. Als ich die Albe nahm, zuckte ich erschreckt zurück. Ich hatte in eine Nadel gegriffen. Die ganze Albe widerstand ihrer Aufgabe, den neuen Bischof in feierliches Weiß zu hüllen. An allen Ecken und Kanten des kunstvoll zusammengefalteten Kleides steckten diese verdammten spitzen Dinger. Ich weiß nicht mehr, wie viele ich von ihnen aus der Albe zupfte, bis ich sie dem Bischof überwerfen konnte. Das war am Anfang der Weihehandlung. Gegen Ende stattete Bischof Simon Konrad als Hauptkonsekrator den Neugeweihten mit den Zeichen seiner neuen Würde aus, die dieser – auf der obersten Stufe des Hochaltares kniend – entgegennahm. Er steckte ihm den Bischofsring an den Finger, krönte ihn mit der Mitra – ebenfalls ganz neu angefertigt im Kloster Thyrnau – und überreichte ihm den Bischofsstab. Nun stand der neu geweihte Koadjutor-Bischof auf und stieg vorsichtig die sieben Stufen des Altares herab. Unten angekommen wandte er sich um und verneigte sich vor seinem Konsekrator, und nach seiner Art verneigte er sich so tief, dass es passierte: Das kahle Haupt des Antonius Hofmann und die feine glatte Seide, die das Innere der Mitra auskleidete, fanden aneinander so wenig Reibung, dass die heilige Kopfbedeckung langsam, aber unaufhaltsam und noch ehe ich es begriff und zugreifen konnte, sich vom Haupte des jungen Bischofs löste und platt auf den Boden klatschte. Das war in den Rubriken der hohen Liturgie nicht vorgesehen. So flink es mir möglich war, griff ich zu und brachte die bischöfliche Behutung an den ihr zustehenden Ort, bis sie an den Ohren des hochwürdigsten Herrn einen festen Halt fand. Im Hohen Dom blieb diese inoffizielle Handlung verborgen. Was sich die geistlichen Herren vor uns dachten, erfuhr ich nie. Dass 15 Jahre später Bischof Antonius Hofmann – gleichsam als Revanche – mir eine Mitra verpassen würde, ahnten wir beide nicht.

Als Bischof Antonius 1968 das Bischofsamt übernehmen sollte, bestellte mich Bischof Simon Konrad als Regens des Priesterseminars. So blieb ich im ständigen Kontakt mit Bischof Antonius. Aus seinen Regenserfahrungen habe ich kräftig profitiert und Bischof Antonius stand immer konsequent zu seinem Nachfolger im Priesterseminar, auch in sehr kritischen Situationen. So wuchs unser Vertrauen zueinander. Und dieses Vertrauen brauchte ich, löste doch das Konzil auch einschneidende Erneuerungen in der Priesterbildung aus.

Als späterer Weihbischof verstand ich mich ganz schlicht als Helfer des Bischofs. Antonius war für mich ein väterlicher Freund, wir schätzten ihn alle sehr. Er war einer von uns. „Diener in Eurer Mitte", wie er es als Wahlspruch über sich sagte. Er war ein zutiefst menschlicher Mensch. In den Jahren nach dem Konzil und der Würzburger Synode wurde dem Bischof sehr viel abgefordert. Er lebte – wie man heute sagen würde – im ständigen Stress. Er wünschte den Tag seiner Entlastung herbei und sorgte sich, dass sie ohne Verzögerung geschehen könnte. Das betraf mich als seinen Weihbischof.

Dankbar nehme ich zur Kenntnis, dass auch pädagogisches Mühen in der Schule Früchte trägt. Ehemalige Schülerinnen, die ich in der Realschule St. Gisela in Passau-Niedernburg in Religion unterrichtet hatte, schenkten mir dieses Plakat. Noch heute hat es einen Ehrenplatz in meiner Bibliothek.

Meine offizielle Ernennung zum Bischof von Passau war in Rom zum 16. Oktober 1984 vorgesehen. Bischof Antonius sagte: „Da fahren wir nach Altötting." In der Gnadenkapelle konzelebrierten wir. Auf der Rückfahrt schalteten wir das Radio ein und hörten in den 13.00-Uhr-Nachrichten die „Neuigkeit". Das war ungefähr zwischen Prienbach und Malching. Die Ernennung machte aus mir keinen anderen Menschen. Antonius Hofmann war nun unser Altbischof. Beim Ritus der Amtseinführung wird das Päpstliche Ernennungsdekret öffentlich vorgelesen. Unser Erzbischof, Kardinal Friedrich Wetter, stellte mich dem zahlreich versammelten Volk als neuen Bischof von Passau vor. Unüberhörbare Zustimmung war die Antwort darauf. Dann drückte er mir, aus der Hand von Bischof Antonius, den alten, schweren, im 15. Jahrhundert kunstvoll gefertigten Bischofsstab in die Hand.

Mit diesem Stab stieg ich auf die Kanzel und deutete ihn aus: „Ein Priester, ein Bischof steht seiner Gemeinde nicht einsam und abgetrennt mit dem hohen Auftrag Christi gegenüber. Er steht auch in ihr. Er ist ein Teil von ihr, als glaubender Christ, getauft und gefirmt. Er hat Teil an der Kraft des Glaubens der Gemeinde, der Kirche. Es ist wie mit dem Hirtenstab. Der Bischof hat den Hirtenstab zu führen, mit ihm zeichenhaft voranzugehen. Doch so ein Stab ist immer auch eine Stütze und ein Halt. So weiß ich mich auch gehalten, gestützt und getragen von Ihnen allen, meinen Schwestern und Brüdern, von Ihrem Glauben und Ihrem Vertrauen auf den Herrn, von Ihren Gebeten und Opfern, obgleich ich – weil ich Ihr Bischof bin." Bei meinem Eintritt in den Ruhestand, am Abend des 7. Januar, dem Fest des Diözesanpatrons St. Valentin, im Jahr 2001, durfte ich es wagen, mit meinem Dank an das ganze Bistum, an meine Mitarbeiter in den geistlichen Diensten, an alle Laien in der Diözesanverwaltung und im Besonderen im Ehrenamt, die sich um und für die Kirche bemühen, genau diesen Abschnitt aus meiner ersten Predigt als Diözesanbischof zu wiederholen.

WERKELN IM BAUHOF DES HERRN

PRIMIZPREDIGT FÜR SEBASTIAN WILD
AM 28. JUNI 2009 IN PFARRKIRCHEN

Wir möchten unseren Primizianten etwas fragen: Wie er selbst seine Berufung zum priesterlichen Dienst sieht. Was ihn bewegt, die unkonventionelle Lebensentscheidung zum Priestertum zu fällen, was ihn bestimmt, sein Leben diesem exzentrischen Dienst zu weihen. Dazu hat er uns bereits eine Antwort gegeben. Eine Antwort mit einem Wort aus der Heiligen Schrift, wie es der heilige Markus verbürgt. Wir haben es vom heutigen Evangelium her noch im Ohr. Wir können es nachlesen auf dem Primizbild: „Bereitet den Weg des Herrn, ebnet ihm die Straßen!"

Will unser Primiziant unter die Straßenarbeiter gehen? Auf der Straße wird schwer geschuftet, auch wenn heutzutage große Maschinen dabei helfen. Bereitet den Weg des Herrn, ebnet die Straßen! Das war schon in der Zeit vor Christus die Forderung der großen Propheten. Schon Jesaja hat dazu aufgerufen – und die Schwierigkeiten angesprochen: „Was krumm ist, soll gerade, was hügelig ist, eben werden!" Johannes der Täufer, der letzte der Propheten, nimmt diesen Ruf auf und trägt ihn aus seiner Zeit in die neue Zeit, in die Zeit nach Christi Geburt hinein. Johannes, der sich vor Jesus so klein weiß, dass er sich nicht für würdig hält, „ihm die Schuhe aufzuschnüren". Unter diesen Ruf des Johannes stellt sich auch unser Primiziant. Dienstbereit und demütig wie ein Johannes.

Jeder Weg, jede Straße hat einen Beginn und ein Ziel. Wohin führt die Straße, die da für den Herrn gebaut werden soll, an der seit mehr als zwei Jahrtausenden gearbeitet wird, unentwegt? Und neu für jedes Volk, für jede Kultur, für jede Generation, ja für jeden Menschen! Die Antwort darauf ist Christus Jesus. Christus Jesus selber in seiner Person. Er bringt, er ist das Reich Gottes in dieser Welt.

Ein Theologe gab in einer schwachen Stunde ein frivoles Diktum von sich: „Jesus hat das Reich Gottes verkündet, gekommen aber ist die Kirche." Das war böse gemeint. Aber es ist Wahres daran. Es kommt nur darauf an, wie man die Wirklichkeit betrachtet. Ob man dieser Wirklichkeit entgegengeht auf jenem Weg, den es zu begradigen gilt, weil der Herr auf ihm zu den Menschen kommt. Oder ob man als skeptischer, kritischer Zuschauer nur süffisant gafft. Tatsächlich: Die Kirche ist gekommen. Das Reich Gottes aber bleibt verborgen und ist doch ganz gegenwärtig. „Das Reich Gottes kommt eben nicht so, dass man es an äußeren Zeichen erkennen könnte. Das Reich Gottes ist schon mitten unter euch!", sagt uns Lukas (Lk 17, 20 f.). Das Reich Gottes ist mitten unter uns, bei jenen nämlich, die Kinder Gottes wurden, weil sie das Wort Jesu annahmen und im Glauben festhalten. Da wächst im einzelnen Menschen inmitten dieser Welt das Reich Gottes heran. Jenes „Reich der Gerechtigkeit und des Friedens und der Freude im Heiligen Geist" (Röm 14, 17).

Gottes Reich ist nicht von dieser Welt, aber es ist wahrhaft in dieser Welt. Der Weg, den es zu ebnen gilt, führt in den innersten Lebensbereich von Menschen: Dorthin will der Weg bereitet sein. Ein mühsames Schaffen unter den Bedingungen heutiger Weltwirklichkeit. Hier will unser Primiziant Sebastian Wild, der in Pfarrkirchen aufwuchs, seinen Dienst tun als Straßenbauer, weil er weiß, wohin sie führt, diese Straße, an der er baut. Und er weiß, für wen er sie begradigt. Zusammen mit der Kirche ist das die Arbeit des Priesters. Durch sie soll der Herr bei den Menschen ankommen können. Nicht der Priester selber. Er ist nur der Handlanger. Der Handlanger Gottes für einen menschlichen Weg in das Reich Gottes. Gott lässt seine Straßenarbeiter dabei nicht alleine. Er gibt ihnen dazu das rechte Instrumentarium in die Hände. Dazu braucht er seine Kirche. Sie ist der große „Bauhof" für den Wege- und Straßenbau in das Reich Gottes, Bauhof für Gottes Wege!

Alles Notwendige für den Bau der Straße ist dort hinterlegt: die Baupläne, das große, immer gültig bleibende Grundkonzept der Wege Gottes zu uns Menschen. Zu finden in den heiligen Schriften. Nicht ganz einfach sind sie zu lesen, denn die Gelände der vergangenen Jahrhunderte, der vielen Völker und Kulturen sind verschieden.

Dort, in diesem Bauhof der Gotteswege zu den Menschen in der Kirche, sind auch die Werkzeuge deponiert, hergerichtet zum Gebrauch: die Sakramente der Kirche, die Christus zur Verfügung stellt, damit man vorankommt beim Wegebau. Sie helfen, dass der Kraftverbrauch bei der Arbeit in menschlichen Grenzen bleibt, dass Kraft, Lust und Freude beim Werk sich erhalten, dass das Ziel nicht aus den Augen gerät. Der Bauherr, der Herr der Kirche, beschäftigt auf seinem Bau Ingenieure und Vorarbeiter. Spezialisten für den Wegebau und die Pflege jenes Weges, auf dem er, der Bauherr, unser Herr und Gott, in diese Welt hereinkommen will. Diese Fachleute müssen vor allem das Grundkonzept der Wege Gottes kennen. Die Pläne lesen können, verstehen und begreifen. Von ihnen her müssen die Impulse kommen, um die vielen Mitarbeiter anzuleiten, zu motivieren, zu stärken und bei Kräften zu halten. Eine mächtige Aufgabe geistlicher Logistik für sie, die Ingenieure und Vorarbeiter!

Einen neuen, jungen Vorarbeiter haben wir heute vor uns, einen von uns. Jetzt fängt er an mit seiner verantwortungsvollen Arbeit. Wir alle wollen ihm bei diesem Start, bei seinem Beginnen, helfen. Mit gutem Zureden: Das ist unser Gebet für ihn. Dieses Volk Gottes ist ja als Ganzes gerufen und berufen, Gottes Straßen in die Welt hinein zu eröffnen. Es weiß um seinen Auftrag. Da wollen Brücken gebaut und Abgründe aufgefüllt werden. Das Wollen des Gottesvolkes und der Dienst eines Priesters sind eins. Es gilt aufeinander zu hören, in Einheit miteinander zu wirken, in Gemeinsamkeit miteinander das gemeinsame Werk zu tun. Wir wünschen dem jungen Priester, dem Jung-Ingenieur im Bauhof des Herrn, dass er im Blick auf das Grundkonzept und im Horchen auf Gottes Wort und Gottes Volk das Werk voranbringe.

Es bleibt Dir, es bleibt uns allen nur die Gewissheit, dass der Gott unseres Lebens alles, was lebt, in seiner Liebe behält und nicht verloren gibt. Bei ihm bleiben wir alle gut aufgehoben. Und daraus schöpfen wir Geweihten, wir, die „Quasi-Ingenieure" der Straße Gottes zu den Menschen, unsere Zuversicht. Wir sind ja letztlich doch nur bloße Werkzeuge. Ein anderer arbeitet für uns. Er lässt sich nichts aus der Hand nehmen. Immer bleibt er bei allen Hindernissen der Herr der Situation. Er bleibt der Bauherr seiner Straße in unsere Welten hinein. Das sagt uns die ganze lange Geschichte dieses Straßenbaus, die Geschichte der Kirche: Trotz aller menschlich provozierten Unfälle werkelt der Bauhof des Herrn – die Kirche – weiter auf den Tag Omega zu, auf den Tag der Wiederkunft des Herrn. Trotz aller dummen Umwege im Denken und Tun einzelner Menschen geht Gott mit uns. Er lässt niemanden hängen. Möglich ist dies, weil der Herr zutiefst bei seiner Kirche bleibt, zu seinem Wort steht, mit seiner Kirche wirkt. Unermüdlich. Wir haben sein Wort dafür: „Ich bin bei euch alle Tage bis zum Ende der Welt" (Mt 28, 30).

Mit den 19 Priestern aus unserer Pfarrgemeinde stehst nun Du, lieber Sebastian, in der Spitzengruppe der Arbeiter an der Straße des Herrn zu den Menschen. Sie muss eine feste Straße werden über die Untiefen von Zeiten und Kulturen hinweg. Sie muss befahrbar sein, begehbar für viel Volk und zugleich für den Herrn, der entgegenkommt. Du kennst die Pläne dazu und weißt um die Ressourcen dafür. Die Straße ist finanziert, unendlich überfinanziert, und wird nicht Stückwerk bleiben. Christus hat am Kreuz die Kosten dafür bestritten. Mit der Feier jeder heiligen Messe berufst Du Dich darauf. Und so kannst Du selber, können Dein Wort, Dein Wirken, Dein Leben für uns leuchtende Zeichen werden für den Herrn, dem Du den Weg zu den Menschen bereiten sollst und willst.

Bild Seite 79: Werkeln im Bauhof des Herrn – das bedeutete hier in Berg bei Ruhstorf auch einmal, einen Baum zu pflanzen.

Doch zurück zu der Zeit unmittelbar nach meiner Amtsübernahme: Fast wie wenn wir nur die Rollen getauscht hätten, stand Bischof Antonius mir nun in stiller Treue zur Seite. Er half mir ganz gezielt bei den zahlreichen Firmterminen. Die Menschen freuten sich auf seinen Dienst, zu dem er sich sichtlich mehr Zeit lassen konnte. Bei größeren Firmungen, insbesondere im Dom, spendeten wir miteinander, ja nebeneinander das Sakrament. Seine persönlichen Feste gehörten uns immer allen, auch noch sein 90. Geburtstag, dessen Feier ihm schon zu schaffen machte.

In seiner letzten Stunde am Abend des 11. März 2000 war ich bei ihm. Im Kreis von ihm nahe stehenden Menschen starb er sehr ruhig. Er spürte, dass er nun vor Gott tritt. Hochfliegende theologische Anwandlungen kommen einem beim Begleiten eines Sterbenden nicht in den Sinn. Da bleibt nur das Beten. Und im Gebet mit den umstehenden Menschen gab ich ihm alle meine Segenswünsche mit und wollte ihn damit stärken. Meine Mutter war schon ein Jahr nach meiner Amtseinführung gestorben. An meinem 60. Geburtstag begruben wir sie in Pfarrkirchen auf dem Gartlberg an der Seite meines Vaters, der ihr bereits vor 58 Jahren vorausgegangen war.

Machtgefühle überkamen mich als Bischof nie. Schließlich sind wir alle Volk Gottes, miteinander Kinder Gottes. Wir gehören zusammen und sind aufeinander angewiesen. Alle sollen wir unseren je eigenen Beitrag zum Ganzen leisten. Und einige von uns halt einen ganz besonderen Beitrag, zum Beispiel der Bischof. Er muss sich bewusst bleiben, dass er einen Dienst tut und nicht Macht ausübt. Dass er für die anderen da ist – und nicht die anderen für ihn. Deshalb halte ich auch nichts von Drohbotschaften. Zwar sprach Jesus auch einmal harte Worte. Wir dürfen sie nicht auf die Seite

Wir brauchen Stunden, in denen die Zeit nicht wie ein stürmischer Bergbach hinunterstürzt. Wir brauchen Tage, wo sie einen kleinen Stausee bilden kann. Dann wird sich auch ein Stück blauer Himmel in diesem Zeitsee spiegeln. Ich fand diese Stunden zum Beispiel beim Bergsteigen wie hier im Nationalpark Hohe Tauern vor der 3419 Meter hohen Klockerin.

schieben. Ich glaube aber, wesentlich bleibt dabei die Frohe Botschaft. Sie will anziehend und gewinnend dargelegt werden. Der Mensch will angesehen, will angenommen sein. Und da sind wir, die Kirche, der richtige Ort. Aber das gelingt nicht immer, weil wir zu oft nicht einladend und offen die Kirche leben. Ein Schiff, wie man die Kirche gerne sieht, das in einer Strömung steht, hat mit der Strömung fertig zu werden. Das lässt sich nicht im Hau-ruck erledigen. Der Bischof muss ermuntern und zugleich um Geduld bitten und vor Augen führen, dass kaum irgendwo die Dinge so klappen, wie man sich das zunächst wünscht. Ich bin überzeugt, dass Gott seine Wege mit uns geht und dass letztlich der Glaube nicht stirbt. Die ganze Kirche, jeder/jede von uns, muss das Seine/Ihre dazu tun. Wir meinen zwar, dass die heranwachsende Generation genau jene religiösen Formen aufnehmen müsse, in die wir hineingewachsen sind. Auch definieren wir vorschnell Gläubigkeit nach einem Status und Standard, der uns eingeimpft wurde. Aber wer sagt denn, dass das der Weisheit und des Glaubens letzter Schluss ist?

Einem Bischof wird ein recht „ausgefülltes“ Dasein vorprogrammiert. Dem hat er sich zu fügen. Trotzdem ragen aus der Dichte der Verpflichtungen besondere Ereignisse heraus. Das 1250. Geburtsfest des Bistums war ein solches Ereignis. „Wer glaubt, hat Zukunft“ hatten wir zum Thema des Jubiläums gewählt. Wir wollten nachholen, was vor 50 Jahren wegen des Kriegsausbruchs nicht gewürdigt werden konnte. In großer Zusammenarbeit feierten wir über die ganze Diözese hinweg von Mai bis Oktober, nicht nur in der Bischofsstadt, sondern auch in den Regionen des Bistums die Gründung der Kirche in unserem Land. Mit uns galt dieses Gründungsdatum auch den Kirchen von Salzburg, Regensburg und Freising, die der heilige Bonifatius der römischen Kirche zugeführt hatte.

In Altötting steht am Ausgang des Kapellplatzes zur Bahnhofsstraße ein Brunnen mit „lebendigem Wasser“, der die Erinnerung an dieses Jubiläum wachhält, das überdies mit der 500-Jahr-Feier der Wallfahrt Altötting zusammenfiel. Den Abschluss der großen interdiözesanen Feier bildete die Brunnenweihe durch die vier Bischöfe. Vom Überschwang meiner Freude über das gelungene Fest verführt, bespritzte ich die umstehende Menge mit dem eben geweihten Brunnenwasser mit vollen Händen.

Auch die „Tochterdiözesen“ Wien, St. Pölten und Linz erinnerten sich an die auch sie berührende Glaubensgeschichte und pilgerten, voran Kardinal Franz König, zu ihrer „Mutter“. Wir fühlten uns sehr geehrt. Einige Jahre später konnten wir diese Ehrerbietung erwidern, als wir die Erhebung von Linz und St. Pölten zu eigenen Bistümern begingen. Da ging es freilich nur um 200 Jahre Geschichte.

Dieses historische Datum galt aber zugleich für das Bistum Budweis. Mit den Heimatvertriebenen aus Südböhmen wurden diese Tage der Kirche ihrer Heimat gewidmet. Die Katholiken von drüben, jenseits des Eisernen Vorhangs, feierten mit. „Der Brotjacklriegl hat uns das Fest ins Haus geliefert“, ließ mich der Kapitularvikar von Budweis wissen.

Unsere nachbarschaftliche Nähe kam mit der zunehmenden Freiheit erst richtig zur Entfaltung. Bischof Antonius und ich wussten uns mit Hilfe einer Einladung der Deutschen Botschaft nach Prag eine Begegnung mit dem Erzbischof von Prag, Kardinal František Tomášek, zu erschwindeln. Nach der sanften Revolution fuhren wir mit den Spitzen unserer Universität vor seinem Palais auf dem Hradschin vor; unsere Katholisch-Theologische Fakultät verlieh dem greisen Erzbischof die Ehrendoktorwürde unserer

Universität. Und ganz selbstverständlich sind wir zu Budweis in lebendige Nachbarschaft getreten. Dafür sorgten schon der heilige Gunther, Rinchnach und Gutwasser, aber auch im dichten Wald hinter Haidmühle die Tussetkapelle.

Von einem Papstbesuch aus meinen Bischofsjahren kann ich nicht berichten. Johannes Paul II. wurde von Bischof Antonius Hofmann im Gnadenort Altötting begrüßt und Benedikt XVI. bereits von unserem Bischof Wilhelm Schraml dort empfangen. Bischöfe kommen aber in aller Regel zum Papst „ad limina Apostolorum". Da war ich noch als Weihbischof mit Bischof Antonius bei Paul VI. gewesen. Und später als Bischof wiederholt bei Johannes Paul II. Mit Benedikt XVI. verbindet mich die gemeinsame Ernennung zu Bischöfen am 6. Mai 1977: Joseph Ratzinger zum Erzbischof von München und Freising, ich zum Weihbischof in Passau. Bischofskonferenzen, vor allem die der bayerischen Bischöfe, führten uns an einen Tisch zusammen.

Verpflichtungen durch die Deutsche Bischofskonferenz brachten mich mehrmals nach Moskau und Minsk. Der dortige Metropolit Kyrill, unser Gesprächspartner, wurde inzwischen zum Patriarchen von Moskau und ganz Russland gewählt. Ich horche genau hin, was sich da nun künftig tun wird. Zweimal führte mein Weg auch in das alte Konstantinopel, in den Phanar, zum Ehrenoberhaupt aller orthodoxen Kirchen. Auf seiner Pastoralreise durch die Donauländer durfte ich ihn, den Patriarchen Bartholomaios, in Passau begrüßen und unter vollem Glockengeläute in unsere Kathedrale führen. Mit ihm und Kardinal Friedrich Wetter feierten wir einen erhebenden Wortgottesdienst.

Das ökumenische Klima in unseren Breiten ist sicher nicht unfreundlich, wie sonst hätte sich der evangelische Landesbischof Johannes Hanselmann unser Griesbach zum Alterssitz gewählt! Die Kurseelsorge im ganzen benachbarten Bäderdreieck atmet Zusammenarbeit. In Bad Griesbach wird dies sichtbar mit der ökumenisch belebten Emmauskirche. Der Landesbischof und ich segneten sie und nahmen sie gemeinsam in Dienst.

Wichtiger als solche, freilich sehr bedeutsame Begegnungen war mir die Nähe zum Bistum, zu unseren Pfarreien und ihren Menschen. Wenn der Bischof kommt, horchen die Leute auf. Bei den lokalen Ereignissen, zu denen er eingeladen ist, trifft er auf die maßgeblichen Frauen und Männer vor Ort, er begegnet dem Bürgermeister und seinen Räten und Honoratioren aller Couleur. Das vorgegebene Ereignis ist zu feiern und zu würdigen, alles und alle, die sich darum verdient gemacht haben. Die Musik spielt und ertränkt jedes Gespräch. Pfarrei, Kirche, Pfarrer und die Mitverantwortlichen in der Pfarrei stehen da manchmal nicht in der ersten Reihe. Alles hat eben seine eigene Ordnung.

Anders das Bild beim Besuch einer Pfarrgemeinde, etwa zu einer Firmung. Da wartet schon der Kindergarten und die Buben und Mädchen schwenken ihre Fähnchen. Auch ein Lied der Kleinen darf sich der Bischof anhören. Und gesegnet wollen sie sein, eh sie wieder wohlbehütet abziehen. In der Kirche freilich wartet schon die Firmgemeinde. Es ist ein Werktag. In den Bänken hinter den Firmlingen mit ihren Patinnen und Paten haben vornehmlich die Großmütter und Mütter die Bänke gefüllt. Die Pfarrgemeinde spricht die Begrüßung durch den oder die Vorsitzende des Pfarrgemeinderates und häufig findet auch der Bürgermeister noch ermunternde Worte für seine jungen Mitbürger. Firmlinge treten ans Mikrofon. Man hört förmlich ihr Herz klopfen, aber sie schaffen es, für die Firmkandidaten ein Grußwort zu sprechen und ihre Bereitschaft auszudrücken, mit Hilfe dieses Sakramentes in der Kir-

Links: Als Weihbischof von Passau verstand ich mich ganz schlicht als Helfer des Bischofs. Antonius Hofmann weihte mich am 16. Juli 1977. Mitte: 24. November 1984: Kardinal Friedrich Wetter drückte mir den schweren, im 15. Jahrhundert kunstvoll gefertigten Bischofsstab in die Hand; links mein geschätzter Vorgänger Antonius Hofmann. Rechts: Bischof Antonius Hofmann war für mich ein väterlicher Freund. Dieses gemeinsame Erinnerungsbild zeigt uns 1994 anlässlich der Vollendung seines 85. Lebensjahres.

che zu leben. Oft muss noch ein Zettel die Worte lenken, aber es lassen sich auch schon recht beherzte junge Menschen darauf ein, aus dem eigenen Herzen und mit eigenen Worten zu reden.

Da muss ich dann an meine Hemmungen denken, die sich in mir als jungem Mann bald zum Hindernis für den Priesterberuf ausgewachsen hätten. Und dann denke ich vielleicht auch an die Bedrängnis in meiner letzten Entscheidung für die Priesterweihe. Es hat mir damals schlimm zugesetzt, dass ich ohne Familie und Kinder sein würde.

Aber auf mein Leben schauend sehe ich, wie ich bis in mein Alter hinein junge Menschen erleben darf, voll Leben und Erwartung, gebündelte Hoffnung für uns Alte. Die Feier der Firmung ist ein Ausschnitt davon. Das kurze Gespräch bei der heiligen Handlung findet Antwort. Jugendliche Zuversicht erfreut und bestärkt einen alten Menschen. Nach der Firmung sagt mir ein wohlproportionierter Pate oder eine schmucke stolze Mutter: „Herr Bischof, Sie haben auch mich schon gefirmt." Mich reizt es dann zu fragen: „Und was habe ich damals zu Ihnen gesagt?" Und auch dies ist noch gegenwärtig! Hier reihen sich die Erlebnisse ein, die sich

Alles hat seine Zeit. Am 11. März 2000 gab Antonius Hofmann sein Leben in die Hand des Schöpfers zurück. Beim Requiem im Stephansdom nahmen wir Abschied von einem zutiefst menschlichen Bischof. Das war für uns alle ein schwerer Gang.

auf noch frühere Begegnungen beziehen: „Herr Bischof, kennen Sie mich noch? Sie waren mein Religionslehrer und so und so habe ich vor meiner Eheschließung geheißen." Da kommt mir dann auch wieder die Erinnerung an jenes junge Mädchen.

Gott und den Menschen nahe sein, das Volk Gottes mitnehmen, dem Leben die Hand reichen. Diese Grundpfeiler bewogen mich, auf das Jahr 2000 hin den Passauer Pastoralplan ins Leben zu rufen. Unter hauptamtlichen Mitarbeitern, Priestern und Laienmitarbeitern wurde deutlich, dass es 40 Jahre nach dem Konzil für unsere Kirche einen weiteren Schub brauchte. Und dass wir nicht warten können, bis da von oben etwas kommt. Er müsse von unten kommen, meinten wir. Das Beständigste in unserem Leben ist Veränderung. Unser gemeinsamer Ansatz war: Wie können wir von unten her den Glauben und unsere Kirchlichkeit aktivieren? Dazu brauchte es so etwas wie einen Plan. Weil aber so ein Plan den Gläubigen nicht einfach übergestülpt werden darf, sondern all die, die ihn hernach mittragen sollen, auch motiviert sein müssen, stellten wir das auf eine sehr, sehr breite Basis. Wir erkundigten uns bei Tausenden von Menschen im Bistum, was ihnen in ihrer Liebe zur Kirche am Herzen liegt.

Wenn ich an unsere Kirche denke, wünsche ich mir, wir hätten etwas mehr Mut voranzuschreiten. Die Welt, in der wir leben, hat in den letzten Jahrzehnten einen Wandel vollzogen, wozu sie sich früher Jahrhunderte Zeit genommen hätte. Mit den alten Strickmustern sind wir wohl in einer Zeit totaler technischer Kommunikation irgendwie am Ende. Und wenn mich jemand fragt, wo und wie und wohin es weitergeht, dann sage ich: Es geht schon weiter, auch in der Kirche, denn mit uns ist Gottes Heiliger Geist. Versprechen kann ich nur: Es wird anders sein, als wir jetzt denken. Wir sollten uns in der Zwischenzeit bemühen, fest zu stehen auf jenem Boden, auf den uns der Herr der Zeiten für diese unsere Zeit und für dieses unser Leben eingewiesen hat. Da finden wir uns in unserem Alltag. Ich denke dabei auch an die Alltäglichkeit des Dienstes unserer Priester in der Schule, auf dem Friedhof, am Krankenbett, bei der Vorbereitung der verschiedenen Sakramente. Und dazwischen sitzen sie viel – viel zu viel – am Schreibtisch. Da geht es um den Kindergarten, um eine Dachreparatur in der Kirche, um den nächsten Pfarrausflug, um den Kirchenchor. Es geht um die nächste Predigt, um gar vieles und um vielerlei. Und dazwischen geistliche Dienste. Das Wort der Priester ist gefragt. In der Öffentlichkeit und noch viel mehr im seelsorgerlichen Dienst von Mensch zu Mensch. Gelegen oder ungelegen. Oder gar in der Hetze von einem Altar zum anderen.

Mitsorgende Christen verweisen an den heiligen Pfarrer von Ars. Er musste auch einen säkularen Umbruch durchstehen in den Nachwehen der französischen Revolution. Aber der berühmte Pfarrer von Ars war halt ein Heiliger. Und die Pfarrei Ars, die man dem biederen, bescheiden gebliebenen Priester zuzumuten wagte, hatte gerade einmal 260 Seelen. Unseren Priestern wird eine zweite und dritte und vielleicht schon bald eine weitere Pfarrei zugeordnet, im heiligen Gehorsam zugemutet. Die veränderten Verhältnisse machen es notwendig. Sicher, Strukturen sind notwendig. Sie sind aber nicht heilig. Sie werden von Menschen gemacht. Ich erlitt selber eine Strukturreform, und ich hatte eine weitere mitzuverantworten. Inzwischen scheint sie bereits reparaturbedürftig geworden zu sein. Strukturen müssen eben dienen. Und daran werden sie auch gemessen in der Kirche: ob und wie weit sie dem Auftrag Christi gerecht werden. Hier spüren wir für unsere Kirche den elementaren Umbruch. Immer mehr Menschen soll der einzelne Priester in ihren Erwartungen gerecht werden. Und das ist mehr und mehr unmöglich.

Niemand kann heute sagen, wie sich der Weg der Kirche weiter ausrichten und gestalten wird. Die Kirche aber hat Zukunft. Auch wenn diese uns noch so viel zu schaffen machen wird. Gott lässt den Menschen in seiner Liebe nicht fallen. Die Liebe Gottes ist ausgegossen in unsere Herzen durch den Heiligen Geist. Er, der Geist, bleibt die Konstante für die Zukunft von Kirche und Welt, die ja beide in ihr zugemuteten Krisen leben, ächzen und stöhnen. Die Welt gewiss nicht weniger als die Kirche. Die Kirche aber mit der Zuversicht der Hoffnung. Gottes Liebe zu den Menschen, zu seinem Volk, zu seiner ganzen Schöpfung garantiert uns Zukunft. Gottes Herz ist eben größer, unendlich viel größer als unser Denken (vgl. 1 Joh 3, 20).

„Gott hat uns nicht einen Geist der Verzagtheit gegeben, sondern den Geist der Kraft, der Liebe und der Besonnenheit" (2 Tim 1, 7). Mit diesem Wort aus der Bibel fuhr ich gut – mein ganzes Priesterleben lang. Diese Stelle imponierte mir bereits während der Kriegsgefangenschaft. Als ich für mein Primizbild einen Bibelspruch brauchte, kam ich darauf zurück. Es war mein heimlicher Wunsch, dass ich etwas von diesem Wort in meinem Leben verwirklichen kann. Man bleibt zwar stets zurück, gemessen an seinen guten Vorsätzen. Wenn mir aber wenigstens ein bisschen etwas davon gelungen ist, bin ich sehr glücklich. Der Geist der Kraft, der Liebe und der Besonnenheit war mir nicht Last, sondern Herausforderung. Es braucht manchmal Kraft, dass man einen anderen in seiner Person und in seiner Meinung hinnimmt. Hinnimmt in aller Demut und sogar in Liebe, auch wenn er etwas anderes denkt und will. Mein Wahlspruch deckt das Miteinander in einer modernen Gesellschaft ein Stück weit ab. Auch muss sich jemand, der angstfreie Beziehungen leben will, selber mehr gefallen lassen. Aber ich stimme dem zu, dass wir in der Kirche miteinander anders umgehen sollen als in der bürgerlichen Gemeinschaft.

Ein Platz der Stille: Meine Eltern wurden auf dem Friedhof in Gartlberg (Pfarrkirchen) zur letzten Ruhe gebettet; gleich links daneben befindet sich das Grab meiner Großeltern.

Und es soll jeder, auch in seiner Unvollkommenheit, angenommen und miteinbezogen sein. Das heißt nicht, dass man sich, und auch nicht, dass die Kirche sich in Staat und Gesellschaft alles gefallen lassen müsste.

Etwa wenn deutsche oder europäische Richter im Schulkreuz einen Verstoß gegen die Menschenwürde sehen. Schließlich leben wir im wunderbaren Haus Europa, nicht im Hinterhof. Wir bezahlen unsere Miete. Da möchten wir nicht einen anonymen Hausverwalter fragen müssen, ob wir im Schulzimmer ein Kreuz aufhängen dürfen. Das ist keine Sache bürokratischer Justiz, sondern in Kultur und Geschichte Gewachsenes, das Europa nicht ausblenden kann. Das Kreuz ist ein Stück erlösender Freiheit. Und bei Einschränkung von Freiheit reagiere ich allergisch.

„Bereitet dem Herrn den Weg! Ebnet ihm die Straßen!" (Joh 1, 3). Von diesem Auftrag des Evangeliums ließ ich mich in meinen mittlerweile 56 Priesterjahren nicht abbringen, auch wenn die gesellschaftliche Landschaft oft hügelig war. Wenn man älter wird, ist man realistischer. Und der Realismus sagt einem, dass das Leben nicht in gerader Spur dahingeht, dass es Höhen und Tiefen kennt, dass jeder Mensch Probleme und Krisen bestehen muss und es darauf ankommt, in welcher Befindlichkeit sie einen Menschen treffen. Zu meinem 75. Geburtstag übermittelte ich dem Heiligen Vater mein Rücktrittsgesuch. Mit seiner Annahme wählte das Domkapitel einen Kapitularvikar, der die Amtsgeschäfte des Bischofs weiterführte. Nach einem Jahr ernannte der Heilige Vater Papst Johannes Paul II. den Weihbischof in Regensburg, Wilhelm Schraml, zu meinem Nachfolger. Ihm übergab ich am 23. Februar 2002 den Bischofsstab und mühe mich – wie einst Bischof Antonius mir – nun als „Emeritus" der Kirche von Passau und ihrem Hirten ein stiller Mithelfer zu sein.

Heute bin ich Emeritus. Ein bisschen geht es mir dabei wie einem Altbauern, der noch da ist, und der sieht, was alles passiert. Eben wie einem, der zwar im schönen Austragshäusl, aber halt draußen wohnt. Manchmal bin ich froh, dass ich nicht mehr aufs Feld rausfahren muss. Mit dem Alter wird vieles mühsamer. Die meiste Entlastung spüre ich, wenn mir einmal keine Predigt im Nacken sitzt. Mehr Freizeit gewinne ich dadurch jedoch auch nicht. Die Zeit ist mir immer zu wenig. Als junger Mensch hat man einen ungeheueren Vorrat an Zeit. Darum geht man auch sehr souverän damit um. Mit dem Alter wird der Vorrat immer kleiner. Das fühlt sich eng und beängstigend an.

Im Blick auf ein langes Leben empfinde ich, dass die Zeit in der Kindheit schleicht und in der Jugend bummelt. Mit dreißig vergeht sie wie im Laufschritt und beginnt immer schneller zu verfliegen. Wir müssen auf der Hut sein, dass wir nicht Gehetzte werden. Wir brauchen „verweilende Zeit". Wir brauchen Stunden, in denen die Zeit nicht wie ein stürmischer Bergbach hinunterstürzt. Wir brauchen Tage, an denen sie einen kleinen Stausee bilden kann. Dann wird sich auch ein Stück blauer Himmel in diesem Zeitsee spiegeln. Unsere Zeit braucht Ruhebänke. Wir brauchen Parkplätze, auf denen es gelingt, in die Dinge, in die Geschehnisse und in sich selbst hineinzuhorchen. Exerzitien sind so ein Parkplatz. Dort lässt sich vielleicht sogar das Rauschen der Brandung „Ewigkeit" hören. Sich in der weniger gewordenen Zeit auch noch Zeit lassen!

Nicht selten wird uns das auch verordnet, sogar von weisen Vertretern der Medizin. Sehr häufig freilich schreibt dieses Rezept ein Höherer und wir tun gut daran, es gewissenhaft anzuwenden. Das Beste und Schönste an der verweilenden Zeit ist, dass sie eine Ahnung von der Gegenwart Gottes vermittelt. Vielleicht hat gerade das Übermaß an jagender Zeit heutzutage die Schuld daran,

Begegnung mit …

Elise Erl, die auf Fürsprache des heiligen Bruder Konrad von Parzham wieder stehen und gehen konnte; Bundespräsident Roman Herzog bei der Grundsteinlegung für das Archäologische Museum Quintana in Künzing; Bartholomaios I., Ökumenischer Patriarch von Konstantinopel; Bayerns Ministerpräsident Edmund Stoiber bei der Verleihung des Großen Bundesverdienstkreuzes der Bundesrepublik Deutschland; rechts: Papst Johannes Paul II. anlässlich der für Bischöfe im Fünf-Jahres-Turnus stattfindenden Besuche „ad limina Apostolorum".

VIII·PONT·MAX

Im Laufe meines Priesterlebens führte mich mein Weg oft zur Schwarzen Madonna in Altötting. Auch am Tag meiner Ernennung zum Bischof konzelebrierten Antonius Hofmann und ich in der Gnadenkapelle.

dass der Glaube schwindet. Der Mensch braucht das Verweilen. Das wusste auch Jesus. Als die Jünger kaum Zeit zum Essen fanden und von Tätigkeit völlig zerfranst waren, sagte er zu ihnen: „Kommt, wir fahren hinüber ans andere Ufer." Er konnte ihnen auf der anderen Seite auch nicht den Menschentrubel ersparen, aber er holte sie wenigstens während der Überfahrt in das Schweigen des Sees von Genezareth hinein. Gott ist gegenwärtig in allem Geschehen und allen Schicksalen, den erhebenden und bedrückenden, am Festtagstisch und am Krankenbett. Und Gott ist immer da als der, der nur will, dass es mit uns gut ausgeht. Er ist, wie die große Mystikerin Teresa von Avila sagt, sogar zwischen den Kochtöpfen. Das muss man wiederholen: Gott ist auch zwischen den Kochtöpfen, inmitten alltäglicher sich wiederholender Arbeit. Je mehr wir diese geheimnisvolle Gegenwart Gottes finden, umso mehr erspüren wir Frieden, auch in unserer gehetzten Zeit. Unsere Lebenszeit hat die Chance, lebenswert zu bleiben.

Mit meinem Leben bin ich zufrieden. Ich bin dankbar, dass Gott alles so fügte, wie er es fügte. Und wenn meine Sterbestunde anbricht, wünsche ich mir, dass es in etwa so passiert, wie es in einem von Wilhelm Dieß so fein formulierten Satz heißt: „Der Tod hat dem Winkelholzer die Ehre angetan, ihn bei der Arbeit abzuholen, ohne ihn zu stören." Ich weiß, dass man sich das nicht aussuchen kann. Gerade die letzten Schritte sind von Gnade bestimmt. Und Gnade geht ihre eigenen Wege. Da können wir Gott nicht sagen, ich möchte es so oder so haben. Wir können nur sagen, ich nehme es, wie Du es mir schickst. Und das ist die Summe des Lebens. Es zu nehmen, wie es Gott schickt. Was von mir bleiben soll, lege ich in Gottes Hand. Für die Ewigkeit erhoffe ich mir das, was ich immer sehe, wenn ich im Passauer Dom aus der Gruft heraufsteige: Da geht der Blick in die Kuppel hinauf. Da schaut man in den Himmel hinein.

Brunnenweihe in Altötting – bei der so mancher Teilnehmer fast einen Regenschirm gebraucht hätte: Im Überschwang meiner Freude über das gelungene Fest bespritzte ich die umstehende Menge mit vollen Händen mit dem eben geweihten Brunnenwasser.

Ein Bischof ist immer im Dienst. Das Bild mit meinem einbandagierten rechten Arm entstand bei der Eröffnung der Misereor-Fastenaktion 1995 im Hohen Dom zu Passau. Ehrengast war Bundespräsident Roman Herzog, der sich als Staatsoberhaupt einmal mehr in den Dienst der guten Sache stellte.

Wer im Weinberg des Herrn arbeitet, muss sich auch unter Tage begeben, wie bei einem Besuch im Graphit-Bergwerk von Kropfmühl bei Hauzenberg. Ich erhielt dabei interessante Einblicke in den harten Arbeitsalltag der Bergleute. Die Arbeit mit dem Presslufthammer war mir freilich nicht unbekannt …

Als Priester spürte ich, wie verschieden Menschen ihre geistige Wirklichkeit sehen, begreifen, bejahen oder ablehnen. Ich versuchte mich hineinzuversetzen, warum andere Leute anders denken – und bemühte mich, das auch gelten zu lassen.

Gott und den Menschen nahe sein, das Volk Gottes mitnehmen, dem Leben die Hand reichen. Dafür gibt es für einen Bischof viele Möglichkeiten – und wenn es in der Residenz sei, um mit Gästen einen Schluck Bier aus der bischöflichen Brauerei zu trinken.

Links: Gott ist gegenwärtig in allen Geschehen und allen Schicksalen, den erhebenden und bedrückenden, am Festtagstisch und am Krankenbett. Er ist, wie die große Mystikerin Teresa von Avila sagt, sogar zwischen den Kochtöpfen – inmitten alltäglicher, sich wiederholender Arbeit. Rechts: In meiner Heimatstadt Pfarrkirchen feierte ich das Fest des 50-jährigen Priesterjubiläums. Der Himmel zeigte sich an diesem Tag in den Farben weiß und blau.

Der Bischof hat den Hirtenstab zu führen, mit ihm zeichenhaft voranzugehen. Doch so ein Stab ist immer auch eine Stütze und ein Halt. So wusste ich mich als Oberhirte gehalten, gestützt und getragen von den Gläubigen unseres Bistums. Als Bischof blieb ich meinem Grundsatz treu, dass ich für die anderen da bin – und nicht die anderen für mich. So gesehen war es eine schöne Zeit, mit dem Volk Gottes im Bistum Passau gemeinsam unterwegs zu sein.

„Gott hat uns nicht einen Geist der Verzagtheit gegeben, sondern den Geist der Kraft, der Liebe und der Besonnenheit" (2 Tim 1,7). Mit diesem Wort aus der Bibel fuhr ich gut – mein ganzes Priesterleben lang. Es war mein heimlicher Wunsch, dass ich etwas von diesem Wort in meinem Leben verwirklichen kann. Man bleibt zwar stets zurück, gemessen an seinen guten Vorsätzen. Wenn mir aber wenigstens ein Teil davon gelungen ist, bin ich sehr glücklich. Das Foto entstand nach einem Gottesdienst in der Wallfahrtskirche von Gutwasser im Böhmerwald.

Links: „Denn am Abend, an dem er ausgeliefert wurde und sich aus freiem Willen dem Leiden unterwarf, nahm er das Brot und sagte Dank, brach es, reichte es seinen Jüngern ...“ Je mehr wir die geheimnisvolle Gegenwart Gottes finden, umso mehr erspüren wir Frieden, auch in unserer schnelllebigen Zeit. Unsere Lebenszeit hat die Chance, lebenswert zu bleiben. Rechts: Wesentlich bleibt die Frohe Botschaft. Sie will anziehend und gewinnend dargelegt werden. Das Wort der Priester ist gefragt. In der Öffentlichkeit und noch viel mehr im seelsorglichen Dienst von Mensch zu Mensch. Gelegen oder ungelegen.

Niemand kann heute sagen, wie sich der Weg der Kirche weiter ausrichten und gestalten wird. Die Kirche aber hat Zukunft. Wir Menschen geben dazu den Takt für die Melodie des Lebens an. Die Aufnahme zeigt die Kirche in Glöckelberg im Böhmerwald.

Versuch an der Fußball-Torwand im Innenhof des Bischof-Altmann-Hauses in Passau: An aufmunternden Anfeuerungsrufen mangelte es jedenfalls nicht. Ob dieser Schuss jedoch ein Treffer wurde, bleibt ein Geheimnis.

Junge Menschen mit all ihrer Hoffnung und Erwartung begleiten zu dürfen, empfand ich immer als eine der schönsten Seiten des Priesterberufs: Ob bei der unterhaltsamen Abendlektüre mit den Kindern einer befreundeten Familie oder bei der Segnung der Kleinen nach einem Gottesdienst in der Altöttinger Basilika.

Immer diese Fotografen …!

„Meister Eder und sein Pumuckl" – Zum Abschied als Bischof von Passau schenkten mir meine Mitarbeiter aus dem Jugendamt den rothaarigen Kobold, der in der gleichnamigen Fernsehserie in der Werkstatt des Münchner Schreinermeisters Franz Eder an einem Leimtopf hängen blieb und allerhand Streiche anstellte. Ich freute mich darüber und setzte Pumuckl den Pileolus, mein bischöfliches Scheitelkäppchen, auf den Kopf.

Am 23. Februar 2002 übernahm mein Nachfolger, Wilhelm Schraml (links), das Amt als Bischof von Passau. Mir war der Bischofsstab immer sinnbildliche Stütze und Halt durch die Gläubigen. Ich trug ihn im Geist der Kraft, der Liebe und der Besonnenheit. Deshalb verabschiedete ich mich auch auf besondere Weise vom Hirtenstab, als ich ihn in die Hände von Kardinal Friedrich Wetter zurückgab.

Heute bin ich Emeritus. Ein bisschen geht es mir dabei wie einem Altbauern, der noch da ist, und der sieht, was alles passiert. Manchmal bin ich froh, dass ich – bildlich gesehen – nicht mehr aufs Feld rausfahren muss. – „Kann er fahren oder nicht?", fragten sich die zwei Buben, als ich mit ihnen auf einem Bulldog eine Ehrenrunde drehte. Der Ausflug mit dem Schnauferl ging gut aus.

Es freut mich immer wieder, junge Menschen mit dem Sakrament der Firmung stärken zu dürfen, wie hier 2010 in Aigen am Inn. In einer Firmpredigt sagte ich einmal: „Wer ist das, Gottes Heiliger Geist? Ich muss Euch gestehen: Man kann ihn nicht sehen. Ich kann Euch nur sagen, wie er ist: Er ist wie der Wind."

Ein Bischof für alle Fälle! Als diesem kleinen Mädchen der Schnuller verloren zu gehen drohte, griff ich während eines Besuches im Kloster der Heilig-Kreuz-Schwestern in Altötting sofort zu und verhinderte „Schlimmeres".

Auch als Altbischof ist man noch viel unterwegs. Als treuer Zeremoniar steht mir Günther Simon bei meinen Terminen zur Seite. Unzählige Andenken und Anstecknadeln brachte ich von diesen Veranstaltungen schon heim.

Mit meinem Leben bin ich zufrieden. Ich bin dankbar, dass Gott alles so fügte, wie er es fügte.

Als junger Mensch hat man einen ungeheuren Vorrat an Zeit. Darum geht man auch sehr souverän damit um. Mit dem Alter wird der Vorrat immer kleiner.

Meine Schwester Adelgunde und ich sind gemeinsam alt geworden. Im Blick auf ein langes Leben empfinden wir beide, dass die Zeit in der Kindheit schleicht und in der Jugend bummelt. Mit 30 vergeht sie wie im Laufschritt und beginnt immer schneller zu verfliegen. Rechts: Für die Ewigkeit erhoffe ich mir das, was ich immer sehe, wenn ich im Passauer Dom aus der Gruft heraufsteige: Da geht der Blick in die Kuppel hinauf. Da schaut man in den Himmel hinein.

FRANZ XAVER EDER, Dr. theol. h.c.

4. November 1925	Geburt in Pfarrkirchen im Rottal
9. November 1925	Taufe in der Stadtpfarrkirche Pfarrkirchen
19. April 1936	Erste Heilige Kommunion
24. Mai 1937	Sakrament der Firmung, gespendet durch Bischof Simon Konrad Landersdorfer in Pfarrkirchen
1932–1941	Volks- und Realschule in Pfarrkirchen
1941–1943	Ludwigs-Gymnasium München
1943	Als Gymnasiast Einberufung zum Reichsarbeitsdienst und anschließend zum Wehrdienst
1944	Verwundung und Lazarett-Aufenthalt
12. Mai 1945	Russische Kriegsgefangenschaft; Kriegsgefangenenlager Chiatura in Georgien
2. Januar 1948	Heimkehr aus russischer Kriegsgefangenschaft
1949	Abitur und Aufnahme des Theologiestudiums im Priesterseminar St. Stephan in Passau
1. November 1953	Weihe zum Diakon
29. Juni 1954	Priesterweihe im Hohen Dom zu Passau
	Primizspruch: *Gott hat uns nicht einen Geist der Verzagtheit gegeben, sondern den Geist der Kraft, der Liebe und der Besonnenheit. (Paulus an Timotheus)*
1. August 1954	Kooperator in Kastl und Burgkirchen/Alz
16. November 1954	Seminar-Präfekt in Passau-St. Valentin
1. April 1961	Domvikar, Ordinariatssekretär, Rektor der Votivkirche in Passau
19. Mai 1961	Seelsorger der Studentengemeinde an der Hochschule Passau
1. August 1968– 31. August 1978	Regens im Priesterseminar St. Stephan zu Passau
1. Januar 1974	Domkapitular und Jugendreferent im Geistlichen Rat
6. Mai 1977	Ernennung zum Weihbischof in Passau und Titularbischof von Villa Regis
16. Juli 1977	Bischofsweihe und Dienst als Weihbischof
1. August 1977	Dompropst
1981	Bayerischer Verdienstorden
26. Januar 1984	Ernennung zum Bischofskoadjutor
4. Mai 1984	Ehrendoktorwürde der Katholisch-Theologischen Fakultät der Universität Passau
16. Oktober 1984	Ernennung zum Bischof von Passau Wahlspruch: *Im Geist der Kraft und der Liebe und der Besonnenheit (2 Tim 1, 7)*
1985	Beauftragung durch die Deutsche Bischofskonferenz für die Kontakte zu den Ostkirchen
1987	Ehrenbürger der Stadt Pfarrkirchen
1989	Bundesverdienstkreuz 1. Klasse der Bundesrepublik Deutschland
1996	Großes Bundesverdienstkreuz der Bundesrepublik Deutschland
1997	Ehrenbürger der Stadt Passau
1999	Verleihung der Kardinal-Döpfner-Medaille der Katholischen Akademie in Bayern
	Gründer des Bischof-Eder-Fonds für Kinder und Familien in Not
2000	Ehrenbürger der Stadt Altötting
8. Januar 2001	Bischof emeritus

Bildnachweis

Arweck, Josef, Passau: S. 95, 109.

Eder, Franz Xaver (Bischof emeritus): S. 11, 12, 13, 16, 17, 18, 19, 21, 22, 23, 24, 27, 28, 29, 31, 32, 33, 35, 37, 40, 43, 45, 65, 66, 71, 72, 73, 74, 75, 76, 79, 82, 85 (linkes und mittleres Bild), 90 (links unten und rechts unten), 104 (kl. Bild), 114, 116, 119.

Eder-Perzlmaier, Christa, Pfarrkirchen: S. 25.

Fotografia Felici, Rom: S. 91.

Friedenberger, Werner, Künzing: Umschlagseite, S. 7, 8, 59, 69, 78, 86, 88, 98, 99, 100, 101 (links), 102, 103, 104/105 (gr. Bild), 107, 110, 112, 113, 115.

Geins, Peter, Passau: S. 55, 60, 61, 62, 63, 117.

Gruber, Gerhard, Pfarrkirchen: S. 15.

Haberger, Konrad, Hauzenberg: S. 97.

Haupt, Paul, Cappeln: S. 56/57.

Kotschenreuther, Tilo, Passau: S. 85 (rechts).

Passauer Bistumsblatt (Archiv): S. 14.

Penn, Richard, Passau: S. 101 (rechts).

Pinzka, Thomas (†), Erlangen: S. 90 (rechts oben), 94.

Pollety, Hildegard, Altötting: S. 47, 90 (links oben), 92, 93, 96, 106, 108, 111.

Reise Know-How Verlag, Bielefeld: S. 52/53 (Georgien-Karte).

Staatliches zentrales Kinofotoarchiv Georgiens, Tiflis: S. 53 (Luftaufnahme von Chiatura).